7 ans sur la route

7 ans sur la route

7 ans sur la route

Un voyage Extérieur et Intérieur

7 ans sur la route

Du même auteur

Le Rig Veda
Traduction complète en français

La civilisation des 7 Rivières
Sapta Sindhu : la civilisation sans ego

ÉDITION : BOD · BOOKS ON DEMAND,
31 AVENUE SAINT-RÉMY,
57600 FORBACH, BOD@BOD.FR
IMPRESSION : LIBRI PLUREOS GMBH,
FRIEDENSALLEE 273, 22763 HAMBURG
(ALLEMAGNE)
ISBN : 978-2-3225-5045-6
COPYRIGHT HERVÉ LE BÉVILLON
DÉPOT LÉGAL : MARS 2025

7 ans sur la route

Un voyage Extérieur et Intérieur

Hervé Le Bévillon

7 ans sur la route

> Elle est à toi cette chanson
> toi l'Auvergnat qui sans façon
> m'a donné quatre bouts de bois
> quand dans ma vie il faisait froid
>
> ......
>
> Georges Brassens

À tous mes Auvergnats.

Toutes les illustrations sont libres de droits et proviennent de
https://commons.wikimedia.org/

Novembre 2024

Je viens d'éteindre la télé. J'en suis encore sous le choc. Non, je n'ai pas rêvé, j'ai bien vu le Sahara inondé ! Il y a même des lacs ! Des rivières et des lacs ! Et, en plus, c'est là où j'ai circulé ! Les dunes, d'où il fallait sortir les camions ensablés, sont inondées…. Et plus au sud, la mosquée de Zinder s'est écroulée. Elle était en terre, comme toutes celles du sahel, puisqu'il ne pleut quasiment jamais.

On vit une époque formidable, comme disait Reiser. Cette année à Delhi, il a fait si chaud que quinze agents électoraux sont morts de chaleur ! Il y a deux ou trois ans, les oiseaux mouraient en vol, toujours à Delhi ! Cette année-là, à Lokarn, mon village au cœur du centre Bretagne, il a fait 42 degrés alors que le même jour, à la même heure, il ne faisait que 37 degrés à Agadez et à Delhi. Et c'était presque le printemps à Bangui, avec seulement 27 degrés.

La température mondiale monte tous les ans. Dès guerres de l'eau ont déjà commencé, et beaucoup d'autres se préparent. Pour de l'eau ou d'autres ressources, vitales pour notre monde moderne.

Et, pendant ce temps, les dirigeants mondiaux se croient encore au 19 ème siècle, avec des guerres pour des histoires de territoires, de frontières ou d'autres raisons plus que douteuses. L'orgueil et la vanité des "grands" de ce monde est toujours le même. Obnubilés par leur propre image, ils ne voient rien venir…

Le temps passe vite, et j'ai pu voir l'évolution de notre vie, à nous les petits blancs.

Quand j'étais gosse, les femmes se jetaient sur le crottin de cheval, laissé par ceux qui tiraient les corbillards. C'était un excellent engrais pour les pots de fleurs.

Le soir on regardait la radio. Plus exactement, on écoutait la radio en la regardant. La télévision a été commercialisée l'année de ma naissance, mais avant que le commun des mortels puisse l'acheter, il s'écoulait du temps. On allait à pied à l'école, quel que soit le climat. Les instituteurs nous donnaient des grandes baffes pour un oui ou pour un non. De nos jours, ils risqueraient presque la prison.

Maintenant tout a changé, y compris les mentalités. Bien entendu, c'est mieux, au point de vue confort. Plus besoin d'aller chercher l'eau au puits, plus de baffes mais des ordinateurs, smartphones etc... Mais, d'autres problèmes sont apparus. Nous sommes plus de huit milliards sur terre. La température augmente tous les ans. Ce qui provoque des dérèglements et des catastrophes naturelles inattendue, comme, par exemple, des inondations monstres au Pakistan et, moins grave mais surprenant, de la neige en Arabie Saoudite.

Le monde a complètement changé sous mes yeux. C'est l'avantage d'être vieux. On voit l'évolution de la vie, de la pensée, et, malheureusement, ça se dégrade.

Mais c'est bien d'être vieux. Pas trop pour le corps, parce qu'il se déglingue comme tous les vieux trucs mécaniques. Par contre, pour l'esprit, c'est excellent.
Entre autres, on revoit les moments qui ont le plus compté dans notre vie, avant la mondialisation.

Pour moi, ça a commencé quand j'allais avoir vingt ans...

On the road. 1967-1968

Septembre 1967. J'allais avoir vingt ans quand je suis parti en tant que " beatnik ". Je n'avais pas lu Kerouac, Burroughs ni les autres, mais c'était vraiment dans l'air du temps. Je travaillais dans un studio de post-synchronisation à Paris. C'était une arnaque. J'ai commencé début juillet et fini à la fin août. Le patron faisait le même coup tous les ans. Plutôt que de prendre un extra pour remplacer son projectionniste en vacances, il faisait monter de la "province profonde " un jeune candidat à ce job, en juillet, lui prolongeait la période d'essai début août, sous prétexte qu'il n'y avait pas beaucoup de travail en lui faisant miroiter une vie de rêve et le seize août, il lui disait qu'il ne le gardait pas. Je ne l'ai su qu'après avoir rencontré un vieux projectionniste, en cherchant un autre boulot, dans le quartier latin.

***

Nous somme sous De Gaulle. Les femmes ont le droit de porter un pantalon depuis peu, et encore, pas officiellement. Elles ne peuvent pas ouvrir un compte bancaire sans l'accord du mari. Elles n'ont pas de droits sur leurs enfants, c'est le père qui doit signer et décider. Elles ont le droit de vote depuis 23 ans. Trois ans avant ma naissance !

La majorité est à 21 ans. Je suis donc encore mineur. L'ambiance est lourde et pesante dans cette France gaulliste. Les églises sont encore pleines. En Bretagne, mon pays, les femmes vont à la messe le dimanche matin et les hommes à la chapelle. C'est-à-dire au bistrot. Les rues sont vides.

Le déshonneur suprême pour un homme, c'est d'avoir les cheveux longs. C'est-à-dire, pour l'époque, pratiquement tout ce qui est plus long que la coupe en brosse. La blague en vogue chez les prolos agressifs et alcoolisés, c'est : ton coiffeur est en grève ?

L'homosexualité envoie pas mal de monde en prison. Bref, la France d'avant 68, est loin d'être gaie. Le racisme est tout ce qu'il y a de plus courant. Même si chez mes parents ce n'est pas du tout le cas, tout le monde considère l'arabe et le noir comme des presque humains. Ce n'est pas méchant, c'est comme ça : il y a d'un côté les blancs supérieurs – surtout les Français et les Anglais, persuadés d'avoir tout inventé en matière d'humanisme et de civilisation – et de l'autre tout ce qui est plus ou moins bronzé.

Le devoir de l'homme blanc, c'est de civiliser les peuples inférieurs. Et parmi ces blancs, le Français est de loin le plus ouvert aux droits de l'homme. En tout cas, il en est vraiment persuadé. Ce qu'il oublie de dire qu'il s'agit des droits de l'homme blanc uniquement, et de préférence parisien. C'est comme ça, pratiquement tout le monde partage cette vision des choses. À droite comme à gauche. Surtout à droite. À gauche pour le bien de l'homme inférieur, quitte à lui imposer le bonheur à coups de baïonnette. La droite est plus vénale mais se cache derrière les valeurs de l'Occident chrétien, bien sûr. Et pourtant la guerre d'Algérie est finie depuis cinq ans, l'Afrique s'est décolonisée, mais ça ne change rien, le Français moyen reste persuadé d'être supérieur. C'est dans son ADN.

On nous élève dans le mythe de la France résistante, en passant presque sous silence que sa politique officielle était la collaboration avec l'Allemagne nazie. La police française est à l'honneur. On parle à peine de sa rafle du Vel d'Hiv et des traques de juifs et de résistants, qu'elle a pourtant mené jusqu'à la veille de la libération de Paris. Les valeurs de cette époque sont quasiment celles de Pétain : Travail, Famille, Patrie. On ne conteste pas, on ne proteste pas, ça ne se fait pas. Point. Celui qui à raison, c'est le chef ou celui qui porte une cravate.

Cette vie ne m'attire pas. Mais pas du tout. Mon adolescence a été pourrie par l'école qui me sortait par les yeux. Elle ne m'intéressait pas. L'école m'ennuyait considérablement. Je n'avais absolument aucune ambition et ne me projetais pas du tout dans l'avenir. Je me réfugiais dans l'écoute quasi-religieuse du rock 'n roll, avec Gene Vincent, pour la musique, et je me politisais avec Léo Ferré, pour les paroles.

j'ai quand même fini par obtenir un BEPC et un CAP d'opérateur-projectionniste. Et voilà que je me fais arnaquer à mon deuxième boulot. J'avais travaillé six mois dans un cinéma en Bretagne, à Rennes, juste avant.

La vie qui s'annonce pour moi ne m'intéresse pas du tout. J'ai envie de voir le monde. J'ai surtout envie de rencontrer des gens différents du Français moyen, de quitter cette France triste et étriquée. Je sens que je dois trouver quelque chose. Ma propre vie. Moi, tout simplement. Il faut que je me débarrasse de toutes ces âneries qu'on m'a fourré dans le crâne en profitant de ma jeunesse. Je n'ai aucune envie d'avoir une " bonne situation ", ni une mauvaise non plus, d'ailleurs. Je n'ai absolument pas envie de devenir médecin ou prof, pas plus que d'être maire ni même riche.

Autre chose m'attend, je ne sais pas quoi, mais je crève d'avance de rester vivre dans cette France grise et mesquine d'avant 68, de me marier, d'avoir des gosses, de faire construire et d'attendre la retraite. C'est sinistre.

Vers la fin août, alors que mon préavis court toujours, je fréquente le soir les escaliers de la butte Montmartre, sans trop comprendre ce que font ces gens de tous les pays, assis sur les marches, sinon qu'ils voyagent beaucoup et sont contents d'être ensemble.

 J'ai déjà entendu parler de beatniks mais pas encore de hippies. On doit en parler un peu à la télé, sans doute, mais à cette époque tout le monde n'a pas la télé, surtout pas les gars de vingt ans. Bien sûr, il y a les Beatles, Antoine et ses élucubrations, mais ça ne touche pas grand monde en dehors de Paris et des milieux favorisés des grandes villes de " province ". Je vois de temps en temps des fils à papa en chemise à fleurs, avec une marguerite dans les cheveux longs. Ils sont bien propres sur eux. Ils essayent de copier les Américains et parlent de paix et d'amour, sans que leur pays soit en guerre. Pour moi ce sont des snobs et ça ne m'attire pas du tout. Par contre, ce qui m'intéresse le plus, c'est d'avoir affaire à des non-francophones.

Au début j'ai un peu de mal avec l'anglais, mais j'arrive à me faire plus ou moins comprendre. Je n'étais pas trop nul dans cette matière à l'école, malgré la succession presque ininterrompue de profs totalement incompétents en pédagogie. Ils nous enseignaient l'anglais en français ! Je compensais par l'écoute des classiques du Rock 'n Roll. En seconde, ma prof d'anglais me demande, sérieusement, si j'avais été élevé aux USA. Ça, ça m'aurait plu…

Un soir, je ramène dans ma chambre meublée une dizaine de personnes qui ne sait pas où dormir. Parmi eux, un grand maigre est un adepte d'un médicament, des amphétamines utilisées pour les désintoxications alcooliques particulièrement difficiles. C'est aussi le secret des exploits cyclistes de l'époque. C'est aussi ce qui tuera, la même année, Tom Simpson sur le tour de France.

Il me propose une injection et j'accepte. Je n'ai même pas fumé un joint de ma vie et je m'apprête à passer directement dans la cour des grands, avec une espérance de vie aléatoire. Je suis prêt, le garrot en place, les veines gonflées. Prêt à commettre la plus grosse stupidité de ma vie. Et au moment précis où le grand maigre va m'enfoncer son aiguille dans le bras, quelqu'un frappe à la porte. J'enlève mon garrot et vais ouvrir. À ma grande surprise, c'est Bernard mon ami d'enfance qui avait été obligé, lui aussi, d'aller travailler à Paris. Je laisse tout le monde en plan, dans ma chambre et pars avec lui, faire la tournée des bars du coin. Je n'oublierai jamais cette troublante coïncidence. Il m'a sauvé la vie sans le savoir ou, au minimum, il m'a évité de devenir junky. J'en suis persuadé.

À la fin du mois d'août, je pars vers Amsterdam avec un gars rencontré au Sacré-Cœur. Il est content de m'initier à la route, probablement aussi parce que je pars avec ma dernière paye. Ça ne me dérange pas, j'ai l'intention de tout claquer le plus vite possible et d'être vraiment pauvre.

En fait, je ne vais pas en Hollande, et je m'arrête à Anvers où je traîne lamentablement au Muse. C'était un café, bien connu du petit monde marginal qui se développe depuis quelques années. Il appartient à des Turcs et est fréquenté quelques fois par Ferré Grignard, une star de l'époque.

Au bout de quelques jours, je me fais expulser avec une dizaine d'autres ressortissants français. C'est l'occasion de découvrir les joies de la garde à vue et ma première expérience de prison, puisque l'expulsion prendra deux jours. Nous passons la nuit dans celle de Moons. On dort à sept dans une pièce avec trois lits superposés. On nous met donc des matelas par terre.

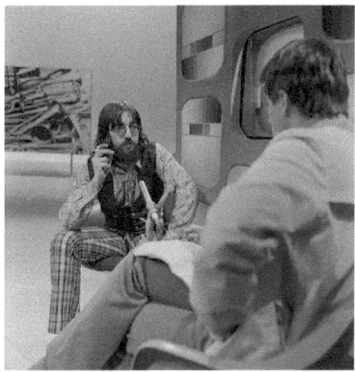
Ferré Grignard

À peine revenu à Paris, je traîne chez Popov, rue de la Huchette, à Saint-Michel où on peut passer la journée devant un petit rouge à 30 centimes. C'est un Russe Blanc d'environ 70 ans qui tient son troquet avec sa fille. Tous les routards de passage à Paris viennent déposer leurs sacs à dos dans l'arrière-salle. Les flics débarquent jusqu'à quatre fois par jour pour contrôler les papiers. Heureusement, un flic du commissariat prévient Popoff avant, ce qui laisse le temps de s'organiser.

Mouna

C'est l'époque des farfelus à Saint-Michel et Saint-Germain : Il y a surtout André Dupont dit Aguigui Mouna. Mouna est un ancien restaurateur qui publie un journal vendu à la criée par les beatniks et étudiants fauchés, ils touchent un pourcentage sur les ventes.

Il y avait une différence entre les voyageurs et ceux qui ne bougeaient pas de leur bled. On les appelait les zonards, avec un léger mépris. Les zonards passaient leur temps à chercher de l'argent. Vivre à Paris sans travailler devait être un problème.

Un jour, un vague copain, un peu bizarre, me demande de l'accompagner chez Simone de Beauvoir où se trouve aussi J.P. Sartre. Le copain est venu pour réclamer du fric que Sartre lui devrait. Ils n'ont pas l'air d'accord et Sartre a l'air bien embêté. Finalement Il me demande de faire sortir le copain qui est quand même dans un drôle d'Etat. Il lui donne un billet de 100 francs, pioché dans sa poche de veste extérieure posée sur le dossier d'une chaise, pour aider au départ. C'était la première fois que je voyais quelqu'un ranger ses billets dans ce genre de poche. Ça devait être de la petite monnaie pour lui.

La vie est dure à Paris, sans un sous et sans connaître qui que ce soit. La nuit, je marche aux halles pendant des heures, et à l'ouverture du Métro je fonce avant que le poinçonneur ne commence à bosser. Et je dors sur un banc dans une station tranquille. D'autres fois, je monte au dernier étage d'un immeuble[1] et je dors sur le palier. Tout ça, bien sûr, sans sac de couchage ni quoi que ce soit d'autre.

---

1   Il n'y avait pas d'interphone à l'époque, il fallait crier un nom devant la loge du gardien.

Je fais un peu la manche, mais je déteste ça et je m'arrête dès que j'ai de quoi m'acheter une baguette de pain. Les jours de chance, je m'achète un sandwich tunisien, un vrai régal. Mais cette vie ne me plaît pas du tout, alors, très rapidement je décide de reprendre la route.

Au début, je me déplace en stop, en général avec une guitare, à travers la France, l'Italie, la Suisse et la Belgique. Je ne connais que quelques accords et je suis incapable de l'accorder réellement bien, mais ça fait partie du folklore, même si je casse les oreilles de bien des gens.

J'avais acheté, avant de partir un sac à dos et un sac de couchage. Je les avais trouvés aux puces de Saint-Ouen. Il régnait une ambiance bizarre. Tous les vendeurs étaient agglutinés autour des postes de radio, l'air graves, mais je n'entendais pas ce qu'il se passait. Bien plus tard j'apprenais qu'il s'agissait de la guerre des 6 jours entre Israël et les pays arabes.

Un sac de couchage, c'est confortable et un peu encombrant, mais en Europe, c'est indispensable. Une des premières nuits, j'étais en pleine campagne quelque part en France. Il ne pleuvait pas et je décidai de dormir dans un champ, ou plutôt une prairie, juste à côté de la route. Au milieu de la nuit, alors que je dormais profondément, je sens comme une respiration à côté de ma tête. Comme ça ne pouvait pas être une compagne, je regarde et je découvre un cheval qui devait se demander ce que je pouvais être. Notre histoire s'arrête là, car il s'en va. Et je me rendors, tout content de cette rencontre.

Il m'arrive un tas d'aventures avec ceux qui me prennent en stop. Ça va du gars qui ne sait pas conduire et qui est visiblement atteint de problèmes psychiatriques – heureusement les flics l'arrêtent avant qu'on ne se tue, au papy complètement bourré qui monte de Nice à Paris pour flinguer son gendre. Il me montre son pistolet et son chargeur garni dans sa boite à gants.

Je traîne un peu partout : à Paris, à Bordeaux, à Dijon, à Rome, à Positano, Neuchâtel… Quand je me plais quelque part, je reste, et quand je ne me plais plus, je m'en vais. Je fais la connaissance des asiles de nuit, municipaux ou religieux. J'y rencontre tout plein de clochards et des anciens légionnaires bien secoués par la guerre d'Algérie.

Dans l'un de ces asiles de nuit, je découvre un business qu'un des clochards a mis au point : il épluche une orange et revends 10 centimes chaque tranche à ses collègues. Il faillait y penser !

Je suis un débutant, je ne connais rien. Je ne connais pas les bons coins, les endroits où je vais trouver des gens sympas. Je me fais contrôler par les flics – ou gendarmes – à longueur de temps quand je fais du stop. Ils appellent le fichier central pour savoir si je suis recherché.

Je commets des petits larcins de temps en temps à contrecœur, en fonction des copains que j'ai. Je n'aime pas voler, mais je me laisse entraîner quelques fois. Les larcins en question sont quand même très rares et très minables. Genre camembert dans une épicerie, arnaque au faux haschisch à base de bouillon Kub, arnaque au faux LSD sur buvard etc ... Je laisse mes empreintes et mes photos dans plus d'un commissariat. La routine.

La grande blague des flics quand on arrive au commissariat pour contrôle d'identité c'est : " vivement l'année prochaine qu'on ait les tondeuses. "

Quelques fois je rencontre des collègues aussi dépenaillés que moi. Autour d'un joint, nous nous racontons nos " aventures ". Istanbul revient sans cesse comme un lieu paradisiaque.

A Marseille, je me fais un copain : Claude. Il chante ses propres chansons en s'accompagnant à la guitare. On squatte un grand immeuble boulevard de Strasbourg avec une dizaine d'autres routards. Un jour, Claude et moi, nous décidons de partir pour Istanbul. Mais nous avons un problème : ses fringues sont au pressing et il n'a pas un sous pour les récupérer. Alors il lui vient une idée de génie : on va piquer un autoradio dans une voiture et le revendre rue des Chapeliers où se tient une petite foire aux voleurs, tolérée par la police.

Personnellement ça ne me plaît pas du tout. Non, ce n'est pas une question de morale — je me réfère à Proudhon pour sa formule " la propriété, c'est le vol ", dans ces cas-là — mais la trouille de me faire prendre. Mais, j'y vais quand-même. Stupidemant.
Pas de surprise, une voiture de flics en maraude nous prend en flag. Le butin est impressionnant : une couverture, un Sandow, une paire de gants et un tournevis. Voleurs minables, butin minable mais sanction correcte : trois mois fermes. Pas mal pour des débutants ! Nous n'avions même pas

d'avocat ! Je ne reverrai Claude que le jour de notre libération. Il ne s'est pas attardé, il est retourné chez ses parents. A Marseille !

J'aurais dû me méfier : un routard qui met ses affaires au pressing !!!

Les Baumettes

La prison, faut aimer. D'accord on est nourri et logé, mais on est trois par cellule 23 heures sur 24. Et honnêtement, la plupart des jeunes détenus sont vraiment cons. Très cons. Et vantards. Ils sont tous des Al Capone. Aucun d'entre eux ne s'est fait prendre par les flics, ils ont tous été " donnés. " Ils parlent tous de faire la peau de celui qui les a balancés.

Dans ma première cellule, je tombe sur deux super gangsters de mon âge ayant une conception différente de l'honneur du Milieu. Il y en a un qui vante les mérites du proxénétisme et l'autre la morale des braqueurs. En réalité le premier est tombé pour viol et le super-braqueur, pour vol à la roulotte, comme moi. Les discussions sur la moralité du braqueur et celle du proxénète me lassent très vite.

Heureusement le procès vient rapidement. Claude et moi, on prend nos trois mois en cinq minutes. Il faut dire qu'il y a du monde et que sans avocat, qu'on avait pourtant demandé, ça va plus vite.

L'avantage, c'est que je change de cellule à mon retour. Cette fois-ci les deux occupants, de mon âge aussi, sont des durs de durs. Le plus jeune " cassait du pédé " dans les toilettes publiques et l'autre avait voulu régler un différend avec son patron à coup de barre à mine un soir où il avait poussé le pastis un peu loin.

Mes colocataires ont mis au point un système pour désigner celui qui est de corvée, chaque semaine, pour laver le sol et les toilettes[1]. On joue au poker avec des allumettes et le perdant est de corvée. Au début, je suis d'accord mais curieusement c'est toujours moi qui perds. J'en fais la remarque mais ça ne plaît pas. Je sens que les choses vont se gâter. Je préfère demander au directeur de la prison de me changer de cellule. Je lui écris et je n'ai pas à attendre longtemps. Il me reçoit avec un grand sourire et m'annonce que je vais être content : il m'a mis avec des antimilitaristes !

Effectivement, ça me plaît. Mais, relativement quand-même. Il y a sans doute différentes catégories d'antimilitaristes. Ces deux zigs sont plutôt du genre crétin. Le premier est là pour avoir tabassé un lieutenant, un jour où il était fin-saoul. L'autre pour désertion. Pas dans le genre Boris Vian, mais plutôt petite frappe sensible qui veut retourner chez sa mère. Ils font des pompes toute la journée entre deux coups de peigne.

Une nouveauté quand même, c'est la possibilité de travailler dans un atelier, histoire de s'occuper et d'avoir un pécule à la sortie. On lime les bavures sur des voitures miniatures qui sortent des moules. On est payé à la pièce. Au sac plus exactement. Chacun a dix minutes pour fumer une cigarette. Le maton de garde n'a rien de méchant.

Il court des rumeurs bizarres. L'une d'entre elle dit que Donovan en chantant Mellow Yellow, nous incite à fumer les peaux de bananes séchées. L'effet serait le même que celui du haschich. Très connement, j'étale des peaux à sécher au soleil sur le bord de la fenêtre et je les fume. Évidemment ça n'a rien donné. C'était juste ridicule.

---

1 Le mot est un peu pompeux.

Et puis un jour, une nouvelle nous parvient. On ne peut plus faire entrer de journaux ni de magazines. On trouve ça bizarre. Deux jours plus tard une autre beaucoup plus déplaisante : on ne peut plus commander de tabac. Heureusement, les deux " antimilitaristes " gardaient, dans une boite de conserve, tous leurs mégots.

Quelques jours plus tard, on finit par demander au maton de l'atelier, ce qui se passe. " Rien, il y a juste une grève générale illimitée." Il appelle ça rien ! On est en plein mois de mai 1968 !

Même les meilleures choses ont une fin, dit-on. Je sors début juin. Après avoir revu mes copains de Marseille, je remonte en stop vers Paris. A Auxerre, je reste coincé trois jours à la sortie de la ville. Les gens du coin me regardent d'un sale œil. Il y a des affiches partout montrant des manifestants en train de couper des platanes parisiens pour les mettre sur les barricades. En gros caractères on peut y lire : " ce n'est pas en coupant les arbres qu'on récolte les fruits. "

Finalement, au bout de trois jours je décolle. J'arrive à Paris et je vais sur les quais de la Seine. A Saint-Michel il y a plusieurs camions de CRS. Un groupe d'étudiants enjoués va à leur rencontre. L'un d'entre eux me dit de les rejoindre, ils vont leur lire de la poésie. Ça ne me branche pas et je décline l'invitation. Assis sur mon sac de couchage, j'apprécie intensément la liberté. Je me rends compte que le mot que j'aime le plus dans la langue française est justement celui-là : liberté. Ça fait un bien fou de le découvrir.

C'est aussi l'époque de Michel Corringe qui chante "la route".

Oh, bien sûr, j'ai souvent faim et froid
J'ai envie de m'arrêter parfois
Mais la route m'entraîne toujours
Désir de concrétiser un symbole
De posséder l'unique beauté
Que l'on nomme Liberté.

7 ans sur la route

Sahara, nous voilà.

Quelques mois plus tard, après être repassé une ou deux semaines chez moi voir mes parents, qui maintenant comprennent mon point de vue – même si mon père doit se forcer un peu quand même – je décide d'aller en Afrique.

J'avais traîné un peu à Rennes, où je m'étais fait quelques copains. Il n'y avait pas de haschisch, alors on utilisait des produits en vente libre dans les pharmacies. Ce n'était pas particulièrement bon, mais, ça m'a permis de fait quatre dessins, "abstraits", puisque je n'ai aucun talent. J'avais été marqué par les étudiants des beaux-arts parisiens, qui faisaient des "craies"[1] sur les trottoirs. Je m'étais dit, que c'était un bon moyen de survivre. Je les ai gardés soigneusement, pendant longtemps. Ils étaient affreux, mais bon, c'était mieux que rien.

Partir pour l'Algérie n'a rien à voir avec partir pour Istanbul, mais j'ai envie de découvrir le monde, de quitter l'Europe. J'en ai marre des contrôles de flics, des beaufs qui nous traitent de tous les noms, parce qu'on a les cheveux longs[2]. J'ai envie de voir autre chose, d'autres gens, d'autres cultures. Dans mon passeport, j'ai un billet de 100 francs que ma mère m'a donné en douce avant mon départ.
Avec ça, j'ai juste de quoi prendre le bateau de Marseille à Skikda.

Le bateau est bondé d'Algériens qui rentrent au pays. Arrivé au port, dans le grand hall de débarquement, je vois une file d'attente de plusieurs centaines de passagers qui doivent déclarer l'argent qu'ils apportent à leurs familles. Je suis bien embêté car je n'ai pas un centime et je n'ai aucune envie de faire la queue.

---
1   Des dessins à la craie de couleur.
2   Les miens ne poussent pas, mais ma barbe, oui.

Un peu à l'écart, un gros flic souriant, en uniforme, le fusil à l'épaule, surveille le bon déroulement des formalités avec une certaine bienveillance. Je vais le voir et lui explique que je n'ai pas d'argent. Sympa, il me fait passer la douane sans faire de déclaration.

J'en suis ébahi. Les flics français pourraient prendre des leçons. Et puis, je me retrouve dehors. Il fait un temps magnifique, bien qu'on soit en hiver. Il neigeait à Marseille avant que je parte.

Je prends la direction de Constantine et lève le pouce. Aussitôt trois voitures s'arrêtent. Je n'avais jamais vu ça ! Ne voulant vexer personne, j'hésite un peu, mais finalement, je prends la première qui s'est arrêtée.

A Constantine, je décide d'exposer mes dessins sur une place assez importante. Une foule de jeunes s'assemble et je discute avec eux. Ils me donnent ce qu'ils peuvent pendant que je finis d'écrire un magnifique " aidez-moi à continuer mon voyage " tout en couleurs. Il n'y a que ça qui est à peu près beau dans ce que j'expose. Mais, je n'ai pas le temps de finir, deux flics débarquent et me disent de ramasser mes affaires et de dégager. Ce que je fais sans émotion particulière. Ce n'est pas la première fois qu'on me vire.

Je n'ai pas le temps d'aller loin car les jeunes se bousculent presque pour m'inviter chez eux. Ils m'expliquent que c'est un devoir pour les musulmans d'aider les voyageurs. Je passe plusieurs jours à aller d'une famille à une autre. Je vois tout le monde, les cousins, les oncles, les grands-parents… Partout l'accueil est génial. Je déplore quand même, intérieurement bien sûr, de ne voir pratiquement que des hommes. Les femmes sont un peu trop discrètes.

Je découvre aussi la signification du rot. Mon père qui a passé huit ans au Maroc dans la " coloniale " m'avait dit que c'était poli de roter après un bon repas. En fait, ça signifie : " j'ai assez mangé, grâce à Dieu. " Donc, les familles qui m'accueillent me donnent à manger jusqu'à ce que je rote naturellement. Je finis par comprendre, au bord de l'indigestion. J'aurais dû le simuler !

Une chose m'intéresse beaucoup c'est leur perception de la guerre d'Algérie. Ils m'en parlent sans problème et je constate qu'ils n'en veulent pas aux " roumis[1] ", malgré ce que nous leur avons fait subir. Il n'y a aucune rancœur. Ils sont surtout intéressés par la France. Leur rêve c'est d'aller y vivre. Ceux qui reviennent aux pays avec la fameuse 404 blanche sont considérés comme des héros. Ils ne font aucune allusion au racisme bien réel qui existe à l'époque.

Constantine

Quand je quitte Constantine, je reprends le stop, et boum, encore deux voitures qui freinent brutalement. C'est le pays idéal pour un auto-stoppeur !

A Alger, devant la poste centrale, je fais la connaissance d'un Allemand très sympa. Il s'appelle Rudy. Il parle assez bien français. Il est comme moi, c'est-à-dire : complètement fauché. Il a une guitare. Il est parti sur la route sans trop savoir pourquoi. Il se laisse porter par les événements. Nous passons quelques jours à faire des " craies " pas très loin de la grande Poste. Ça marche très bien. Même les mendiants, dont un aveugle, tiennent à nous donner quelque chose. Nous refusons, bien sûr, mais ils insistent lourdement. Nous finissons par accepter, pour ne pas les vexer.

Pour se loger, nous n'avons que l'embarras du choix. Tous les jeunes, des étudiants, en général, nous invitent. L'hospitalité n'est pas une légende en Algérie. Ça doit leur faire tout drôle quand ils viennent en France.

---

1 Les romains.

Un jour un organisateur de spectacle demande à Rudy de chanter deux ou trois chansons en première partie d'un artiste local. C'est un malin, car ses chansons n'intéressent personne, alors il fait une première partie avec de la musique traditionnelle qui lui remplit la salle. Il ménage à Rudy un petit moment juste après. À l'entracte, avant que l'artiste local fasse sa prestation, la salle se vide de plus de la moitié.

Rudy est tenté par la traversée du Sahara. Ça me convient très bien et nous quittons Alger et nos amis pour l'aventure. Il a un peu d'herbe sur lui. On prend la direction de Ghardaïa. Toujours en stop. Notre plan est super-simple. On traverse tout le désert jusqu'à Tamanrasset et on va jusqu'à Agadez au Niger. Après, on verra bien.

Ghardaïa

Nous traversons des paysages dont on n'a pas idée de la beauté. Les images qu'on en avait, venaient de la télévision, étaient rares et en noir et blanc. Nous ne sommes pas dans les dunes de sable, mais dans le désert de pierres et de terre jaunes. Nous nous s'arrêtons dans quelques palmeraies et oasis. C'est très agréable ! Parce que le soleil cogne dur, je deviens un adepte du turban, chèche, ou chechia en arabe.

Le dépaysement est total. Les chauffeurs de camions qui nous transportent, gratuitement je précise, sont extrêmement sympas. Ce qui ne les empêche pas de se demander pourquoi on va dans le désert, sans aucun équipement, alors qu'on pourrait vivre tranquillement en Europe, qu'ils ont un peu tendance à confondre avec le paradis. La route nous conduit à la dernière ville : Tamanrasset. La route goudronnée s'arrête là. C'est de là que s'organisent les convois vers le Niger. Il est formellement interdit d'aller avec un seul véhicule à travers le désert. Les gens du coin nous racontent des quantités d'histoires tragiques d'occidentaux, partis à l'aventure sans prévenir la police algérienne, retrouvés morts de soif près de leurs voitures en panne.

Tamanrasset

Il fait très chaud. On se dit, qu'on a sans doute oublié un détail. Une gourde d'eau ! Trois fois rien. Un flic sympa, avec qui on discute, nous en offre une d'un litre. Merci la police, je ne suis pas habitué.

Un peu plus tard, il nous apprend qu'un convoi se forme avec des occidentaux et qu'ils emmènent tous ceux qui le leur demandent. Chouette !

Celui qui organise la traversée est un Grec. Il nous confirme qu'il veut bien de nous. Aucun problème. Il a un convoi conséquent : trois gros camions semi-remorques avec une deuxième remorque à la suite, un bus, genre cantonal, et un petit camion-benne qui à l'air d'être fait pour le désert. Chaque camion, sauf le petit, est chargé de Mercedes usagées destinées à être vendues au Niger. Le bus est destiné au Nigeria qui se trouve être en pleine guerre civile au Biafra.

Nous ne sommes pas les seuls passagers. Outre les cinq chauffeurs allemands, nous avons du beau monde. Cinq ou six Français, dont une femme, trois Anglais, deux Américains, deux Belges, cinq Touaregs et trois ou quatre Nigériens noirs. Nous fraternisons avec les Touaregs et les Noirs.

Les deux Belges sont des copains qui ont vendu tout ce qu'ils avaient pour réaliser un vieux rêve : le tour du monde en voilier. Pas de pot, il a coulé dès le départ, au large des Canaries et là, ils descendent vers le Biafra pour s'engager comme mercenaires.

Les Anglais sont sympas. Ils ont un sens de l'humour qui nous plaît bien. Dans les Américains, il y en a un qui a servi au Vietnam. Il raconte ses aventures aux autres dans le bus, le soir.

Vous l'avez deviné, il y a un clivage dans le groupe, d'un côté les pauvres : les Noirs, les Touaregs et nous. De l'autre côté tous les autres, avec une nuance pour les Anglais.

Le jour du départ, un officier algérien nous donne trois pains et trois boites de sardines. De quoi faire le voyage de trois jours. C'est le temps que tous les convois passent sur la piste en sable de Tamanrasset à Agadez. Le Grec se vante de bien connaître la route et les raccourcis. Ça m'inquiète un peu, même s'il a déjà fait ce voyage.

C'est le départ, on y va. Rudy et moi nous nous installons à l'intérieur d'une Mercedes, à l'intérieur du camion bâché. Ça promet ! Les bâches n'étant pas transparentes, nous risquons de ne rien voir du désert.

Les VIP se sont achetés tout plein de douceurs pour mieux supporter le voyage (jus d'orange, chips…) Nous avons passé un accord avec le Grec :

on pourra puiser dans l'eau en stock quand nous en aurons besoin. Elle a juste un petit problème, elle est chaude, mais bon, on s'y fait.

Le soir tout le monde descend. On mange notre pain et nos sardines à l'huile. Quelqu'un, un des chauffeurs allemands, a écrit dans la poussière qui recouvre le camion des Touaregs et des Nigériens " the animals wagen ". Sympa.

Boris, l'un des deux Belges, a envie de faire une petite promenade sous le ciel étoilé. Nous y allons à quelques-uns. Nous n'avons ni boussole, ni carte, ni guide, ni rien du tout. Boris, le Belge, nous explique que nous devons prendre telle et telle étoile comme marque, et au retour, il suffira de se remettre dans l'axe. Bien entendu, quand nous rentrons, les étoiles ne sont plus à la même place. Mais nous retrouvons le convoi assez facilement, quand-même.

La nuit est assez froide. Pour dormir, nous nous creusons un lit dans le sable, comme nous l'ont expliqué les Touaregs, et nous nous endormons facilement, contrairement aux Blancs qui ont passé la nuit dans le bus et les camions. Le matin nous prenons le thé avec eux et nous essayons de tenir une conversation. Nous y arrivons, grâce aux gestes, au peu d'arabe que nous comprenons Il y en a même un qui m'apprend à écrire, dans le sable, mon nom en Tamachek — langue des Touaregs —. Ça sonne de

Un Targi, des Touaregs

travers, les sons ne sont pas les mêmes dans les deux langues. Les sons Her et Vé de mon prénom n'existent pas, j'apprends donc à écrire Harfé.

Nous rembarquons. En route pour le Niger ! Mais après le poste frontière algérien la piste disparaît. Et c'est là que ça commence vraiment. On ne peut plus parler de piste. Il y a des traces de pneus qui partent dans tous les sens et des gros bidons noirs qui en jalonnent une, de loin en loin. De temps en temps, on voit des carcasses de voitures, dont une 2 CV pliée en deux.

Les trois gros camions et le bus s'ensablent continuellement. Rudy et moi comprenons immédiatement la raison de la " générosité " du Grec. Il a besoin de monde pour transporter les plaques de tôle du flanc du camion sous les roues de celui-ci. Quelle galère ! Et encore, nous sommes probablement sur la piste principale. Les bidons noirs, quoique rares, le confirment. On va mettre plus de trois jours, c'est sûr. Le Grec ne pense pas à demander à l'un des Touaregs de le guider. Il finira par le faire, quelques jours plus tard.

Imaginez la même chose, mais avec des camions et pas d'uniformes.

Le bon côté des ensablements c'est que nous descendons de nos Mercedes et nous apprécions le décor. Comme tout ignare qui se respecte, je croyais que le désert était vide. C'est idiot. Il y a tout plein de petites empreintes de pattes d'oiseaux sur le sable, des traces de petits animaux… Et une minute après un arrêt, on se retrouve envahis par des mouches. On se demande d'où elles sortent.

C'est le ballet des plaques de tôle. Elles sont lourdes, mais les Touaregs et les Nigériens se font une joie de les porter seuls à bouts de bras. Et un après-midi, plus moyen de sortir les semi-remorques du sable. On y passe un temps fou, on transpire, mais non, rien à faire. Finalement, le Grec décide d'attendre le lendemain matin. Le sable serait plus dur, et on devrait s'en sortir. On veut bien le croire, mais on ne sait plus où est la piste. Finalement, plus de peur que de mal, le lendemain matin, les camions se désensablent rapidement, et on retrouve la piste assez vite.

Ça y est, les camions sont désensablés pour la cinquantième fois au moins et nous fonçons vers le poste frontière nigérien. Et, là, quelque chose claque dans le moteur du bus dans lequel les VIP voyagent. C'est grave, il faut faire venir une pièce d'Allemagne jusqu'à Alger, et ensuite vers Tamanrasset, puis jusqu'à la frontière nigérienne. Tout ça par avion jusqu'à Tamanrasset, et en Jeep après ! Ça va coûter cher. Très cher.

Quoi dire, quoi faire ? Rien. Et attendre. Rudy et moi, faisons connaissance des soldats nigériens. C'est un joyeux bordel dans leur poste de garde. Les armes automatiques sont pendues par leur bandoulière aux bouts des lits, chargeurs engagés. Ils nous accueillent chaleureusement, nous donnent à manger un morceau d'une cuisse de gazelle cuite à la braise. C'est délicieux. Pendant que nous y sommes, je demande au plus haut gradé s'il peut nous donner de quoi calmer notre faim pour les jours à venir, parce que nous n'avons plus rien. Il est très sympa et nous donne de quoi nous nourrir pour plusieurs jours, plus un peu de bois pour la cuisson. Nous le remercions ainsi que ses hommes et nous allons nous régaler.

Boris passe à côté de nous. Il s'étonne de voir qu'on nous a donné quelque chose. Il va trouver le commandant du poste et revient avec un large sourire. Nous, nous finissons le peu d'herbe que Rudy trouve dans sa musette. Allongés dans le sable, nous admirons les étoiles et le ciel pur.

La nuit a été bonne. Mais nous sommes toujours coincés, à cause de ce maudit bus. Et puis, une Land-Rover quitte le poste frontière avec deux soldats armés de fusils d'assaut à l'arrière. C'est soit la guerre, soit la chasse. Elle revient quelques heures plus tard avec un Boris, qu'on n'avait pas remarqué, souriant royalement. Il sort de l'arrière du 4x4 une belle gazelle. Fiesta chez les VIP ce soir. Oui, et on ne sera pas invité. En fait, on s'en fout.

C'est l'un de chauffeurs allemands qui prépare le méchoui. Un chasseur, sans doute. Boris va voir le commandant. Il revient en faisant vraiment la gueule. Je crois avoir deviné pourquoi. Je suis tout ouïe. D'après ce qu'il explique aux VIP, le commandant refuse de lui donner du bois, parce que dans le désert c'est trop rare. Et en plus il veut faire payer la chasse, le gas-oil et les munitions. Les Anglais nous rejoignent. Ils n'étaient pas invités non plus. Pour notre plus grand plaisir, nous assistons à la préparation du méchoui. Un pneu ! Ils enflamment un pneu et placent la gazelle au-dessus ! Évidemment, elle devient immangeable et la fumée noire et sale qui sort du pneu doit être visible à plusieurs dizaines de kilomètres à la ronde. Et ça pue !

Malgré-tout, nous sommes quand même arrivés à Agadez après dix jours d'ensablement et une attente d'environ trois jours au poste frontière. Rudy a discuté avec l'un des chauffeurs allemands.

Agadez

Le Grec achetait des Mercedes d'occasion, voitures et camions. Il passait une annonce du genre : " Recherche chauffeurs pour un voyage gratuit en Afrique et retour gratuit en avion. " Ils ne sont pas très contents. Mais ils sont arrivés, et finalement ça leur fera un bon souvenir. Ils nous apprennent que le Grec fait rouler ses camions au fuel domestique, ce qui est interdit partout.

Nous trouvons juste un peu curieux que tout soit vendu au Niger sauf le bus anormalement lourd qui doit aller au Nigeria, en pleine guerre du Biafra. Y avait-il des armes dedans, sous le plancher dont les vis qui maintiennent le revêtement de sol sont trop propres pour être vieilles ? Sa valeur marchande devait être importante pour faire venir une pièce par avion.

À noter quand même que le Grec a dû donner une Mercedes à un des patrons des flics nigériens pour pouvoir continuer jusqu'à Niamey.

Nous ne restons pas à Agadez, et nous allons à Zinder où nous nous installons pour quelques jours.

Zinder

A Niamey, Rudy et moi nous nous séparons. Il a envie de continuer vers l'Ouest, et moi de rester un peu. J'adore l'Afrique ! j'adore les Africains !

Une des choses qui me frappe le plus, c'est les gosses qui m'appellent Patron. J'ai beau leur dire que je n'en suis pas un, ça ne change rien, pour eux un Blanc est un patron.

Alors, j'expose mes dessins affreux sur le seul trottoir de la ville, celui qui est devant le magasin Pariscoa. Je suis avec les lépreux et autres mendiants. Ils m'appellent tous Patron, et finalement, je laisse faire. La première fois que j'ai serré la main – si j'ose dire – d'un lépreux, j'ai eu une légère appréhension. Et puis, finalement, je n'y ai plus fait attention. Je découvre vraiment l'Afrique noire. Je me fais un copain, blanc, coopérant technique. Sympa, jusqu'au jour où il m'explique qu'en mai 68, le gouvernement français aurait dû pendre trois manifestants pour l'exemple.

Le Pariscoa de Niamey 1972

Un jour, je suis au marché et je vois l'armée qui déboule, fusil d'assaut à la main. Ils évacuent le marché, forçant tout le monde – sauf moi – à aller au bord de la route applaudir un ministre étranger de passage. Ils distribuent des petits drapeaux aux couleurs du-dit pays, et tout le monde obéit, puis, une fois le cortège passé, les " volontaires " retournent à leurs boulots. C'est beau la spontanéité organisée !

Un couple français, venu en 404 qui a claqué en arrivant, héberge tous les routards qui passent dans le coin. Ils ont trouvé du boulot dès qu'ils sont arrivés. Chefs dans une fabrique de pain de glace. Ils sont déjà une dizaine de personnes à vivre chez eux. Je suis content de retrouver des routards. Il y avait pas mal de monde qui faisait la boucle : Alger – Agadez – Niger — Haute Volta – Côte d'Ivoire, et ils prenaient le bateau pour remonter en Europe. Ils voyageaient avec un peu de fric, bien sûr.
On découvre l'herbe africaine. Elle est vraiment très bonne et ne coûte quasiment rien.
C'est la communauté, comme ça se faisait beaucoup à l'époque : quinze personnes qui vivent chez quelqu'un qui est le seul à bosser. Ça se termine mal en général. Là, le couple frise le divorce et finalement ils foutent tout le monde dehors. Je continue tout seul vers le Burkina-Faso — appelé Haute-Volta, à l'époque.

C'est un pays pauvre, plus que le Niger et j'apprécie énormément la gentillesse des gens. L'Europe m'apparaît plus que jamais, comme une zone d'agressivité, d'égoïsme, de bêtise et de méchanceté.

Un peu après le poste frontière, je me mets à l'ombre d'un manguier et je constate que pratiquement tout le monde est à poil, sauf quelques rares exceptions. J'ai chaud dans mon jean alors je me mets en slip de bain. Aussitôt un flic m'engueule en me disant qu'on n'était pas à la plage ici. OK, pas de problème, mais, bon…

J'arrive dans un petit village et comme j'ai un peu d'argent sur moi, je décide d'aller boire une bière. J'entre dans un bistrot, archi bondé et je suis accueilli par les hurlements d'un bébé des quelques mois, dans les bras de sa mère. Celle-ci est très gênée me sourit et me dit que c'est la première fois qu'il voit un Blanc. Je lui fais un grand sourire, et je lui dis que chez nous c'est la même chose. C'est juste la couleur qui n'est pas la même. Elle rit aussi, et le bébé se calme.

Je passe quelques jours à Ouagadougou. Je dors dans un bâtiment en dur qui devait être quelque chose de plus ou moins culturel. Un jour je rencontre une dame d'un certain âge. C'est une Paimpolaise qui s'est mariée à un Voltaïque qui rêve d'être président de la république. Elle compare sa vie à celle d'Angélique Marquise des anges et voudrait en faire un livre. Je la laisse à ses rêves et décide de pousser jusqu'à Bobo-Dioulasso en pensant aller vers l'Afrique de l'Ouest.

En cours de route, que je fais en stop, comme d'habitude, mais sur le chargement des camions vu qu'il n'y a quasiment pas de voitures, je m'arrête dans un village qui s'enorgueillit de posséder des caïmans sacrés. C'est assez amusant de voir les gens acheter des poulets aux villageois et les jeter le plus près possible du caïman. Clac, une mini bouchée, et le poulet a disparu.

Quand les curieux sont partis, alors que je suis resté sur place profitant de l'ombre d'un manguier[1], je vois les gosses du village foncer sur les caïmans et jouer autour. J'en vois même un qui monte sur le dos du plus gros. Et tout se passe bien. Les gosses se marrent en se jetant dans l'eau pendant que les monstres vont digérer leurs poulets.

A Bobo-Dioulasso, je m'installe dans un jardin public qui fait un peu zoo. J'étale mon sac de couchage sur un banc, pas loin d'un orang-outan très à l'étroit dans sa petite cage. J'expose mes dessins sur le trottoir du Pariscoa local et le soir je me paie des cafés au lait avec des tartines de margarine salée. Ce n'est pas le beurre breton, mais c'est bon quand même. Et j'adore l'ambiance. Je me fais tout plein d'amis parmi les plus pauvres des plus pauvres. Je découvre la musique africaine moderne. Je suis heureux et dans mon élément. Mais je ne peux pas continuer vers l'Afrique de l'Ouest, pour des raisons politico-guerrières qui m'échappent. La frontière est fermée. Je décide de retourner à Ouagadougou.

---

1 J'utiliserai souvent cette expression, mais comme je n'y connais rien en arbres africains, ça peut être tout à fait une autre catégorie d'arbres.

Un soir, le camion qui m'a pris en stop doit bifurquer et partir dans une autre direction. Il me laisse à côté d'une maison où tout le monde à l'air de dormir. Ne voulant déranger personne, je m'installe de l'autre côté de la piste et je dors.
Le matin, je me réveille de bonne humeur, comme d'habitude et je vois la dame de la maison qui pile le mil. Elle me fait un petit signe devant signifier bonjour. J'en fais de même et je commence à me préparer pour reprendre la route. Je secoue ma couverture[1], la roule et je l'attache avec mon turban, pour pouvoir la porter à l'épaule. Et je prends mon chapeau qui était posé par terre. Et là, surprise : un serpent était enroulé dedans. Il se réveille, et commence à se diriger lentement vers la forêt. La dame qui pilait le mil a l'air d'avoir peur et me fait comprendre par gestes que je dois tuer le pauvre serpent. Elle insiste lourdement complètement affolée. Alors je prends un bâton, et je tue ce pauvre serpent qui n'était pas encore bien réveillé.
La dame est contente, mais pas moi. Le serpent s'était mis au chaud sous mon chapeau, noir, et n'avait pas vu que le jour s'était levé. Les règles de l'hospitalité chez les humains laissent à désirer…

En plein sahel, un taxi-brousse me prend en stop. C'est un pick-up où une douzaine de passagers sont entassés à l'arrière. Au bout de quelques heures, une panne. Habituellement ce sont les pneus, lisses comme des peaux de bébés, qui crèvent. Non, là c'est un amortisseur qui casse.

Pas moyen de continuer. Le chauffeur et son graisseur ne s'affolent pas pour autant : une branche de palmier fait l'affaire. Ils l'attachent avec des chambres à air archi-crevées et on finit par arriver à Ouagadougou où je rencontre un copain français, routard lui aussi et junkie.

Il se fait ses shoots, de je ne sais pas quoi, dans les toilettes de la MJC où nous sommes hébergés. Pour remercier le directeur, nous décidons de monter un spectacle de clowns pour lui et ses employés. C'est nul, archinul. Il n'y a que nous qui sommes morts de rire. Il faut dire qu'on fume comme des pompiers avant de monter sur scène. Mais personne ne nous fait de remarque. Ils n'en pensaient pas moins, probablement.

L'aventure tourne court et une malaria particulièrement agressive, m'envoie à l'hôpital. C'est l'occasion de goûter à ma première piqûre de qui-

---

1   Ça faisait longtemps que j'avais abandonné sac de couchage et sac à dos, bien trop encombrants et inutiles dans les pays chauds.

nine. J'en aurai beaucoup d'autres. Ma fièvre tombe rapidement, et un soir je m'évade pour aller faire la fête avec mes copains africains. Je me fais virer le lendemain par la bonne-sœur, blanche, qui s'occupe de moi. Et là, je décide de retourner au Niger.

Pour je ne sais plus quelle raison, je traverse le fleuve Niger en pirogue. Je ne suis pas du tout rassuré, surtout qu'une bande d'hippopotames n'est pas loin. Les Africains m'expliquent qu'ils sont " méchants ". En fait, les hippos sont chez eux, dans l'eau tiède du fleuve Niger et ils défendent leur territoire. Si l'on reste à distance, il n'y a pas de problème.

À Niamey, un matin, je suis réveillé par des flics nigériens qui viennent, sur dénonciation, m'arrêter pour possession de cannabis. Ils m'envoient rapidement voir leur chef. C'est un Français, ancien patron de " l'Évêché[1] " à Marseille.
On m'envoie en prison, mais j'y reste quelques minutes seulement. À peine arrivé, on m'annonce que je suis libéré et expulsé[2]. C'est le consul de France qui est intervenu auprès de mes parents, sans rien me demander. J'apprendrai ça en arrivant en Betagne. Pour lui c'était inconcevable qu'un Blanc fasse de la prison au Niger. Ça ne m'aurait pas dérangé. Après les Baumettes, la prison de Marseille, le peu que j'ai vu de la prison semblait très cool. Conditions de vie assez rudimentaires mais dans la bonne humeur.
Je rentre en 707. C'est la première fois que je pends l'avion. Une expérience de plus.

---

1 Le commissariat central.
2 Tout ça sans procès, bien entendu.

Les choses sérieuses commencent

Je rentre en Bretagne. Je fais une halte à Rennes. Dans un bistrot, je fais la connaissance d'une bande de jeunes plus ou moins chevelus. À cette époque, les routards comme moi sont rares et les font rêver. Au bout d'un moment Glenmor, le barde breton qui a réveillé la Bretagne dans les années 60, fait son entrée, entouré d'une bande de jeunes. Je ne savais pas encore que j'allais le connaître plus tard.

Glenmor (Millig pour les amis)

Je retourne à Rennes après être passé voir mes parents à St-Brieuc pour les remercier et en même temps leur reprocher, gentiment quand même, de m'avoir rapatrié. Il fallait me laisser faire de la prison, ça faisait partie de la vie que j'avais choisie. J'assumais.

Je retrouve la bande des lascars que j'avais connus dans le café où Glenmor avait fait son entrée. On traîne un peu place Sainte-Anne. Je loge, avec quelques autres, chez un couple. Il n'y a pas le moindre bout de haschisch à vendre à cette époque[1], alors se console avec des produits en vente libre dans les pharmacies.

Un jour, une de leurs copines nous "prête" l'appartement de ses parents, qui sont absents. Nous nous y installons avec quelques produits pharmaceutiques pour y passer la nuit. Petite soirée sans intérêt jusqu'à ce que le père de la copine entre violemment chez lui et nous mette tous dehors. Petit incident idiot qui aura des répercussions plus tard.

Cette histoire m'a déplu et je décide de reprendre la route. Un bruit circulait dans le petit milieu marginal rennais : les Rolling Stones allaient faire un concert à Marrakech. Nous promettons tous de nous y retrouver. Et, donc, je décide d'y aller.

Je retraverse la France, mais sans intention de m'arrêter. Je vais droit à Marseille.

Problème : je n'ai pas assez d'argent pour prendre le bateau, et je n'ai aucune envie d'y aller à travers l'Espagne franquiste. Alors, je vais à l'Institut Mérieux pour y vendre mon sang.

Direction l'Algérie ! Là aussi, je ne traîne pas. Et je fonce vers le Maroc.

---
1   En 2024, les gangs de dealers s'entre-tuent. La prohibition rappelle celle de l'alcool du temps d'Al Capone.

Je suis arrivé le premier. C'est la foule place Djemaa El Fna. Depuis mon arrivée au Maroc, je suis émerveillé en quasi permanence. Marrakech n'a pas encore de Club-Med et les touristes sont rares en janvier 1970.

En me renseignant à gauche et à droite, je comprends que la rumeur n'en était qu'une. Les Stones ont bien une villa à Marrakech, mais c'est tout. Un jour, je vois quand même Mick Jagger traverser la place Djemaa El Fna, en grande discussion avec un autre gars que je ne connais pas.

Bon, je suis au Maroc, avec ou sans les gus de Rennes, c'est pareil. Mon père m'en a beaucoup parlé. Il y a passé huit ans avant et pendant la guerre.

Les Marocains fument le kif — cannabis coupé de tabac noir frais — quasiment ouvertement. Les flics qui patrouillent regardent toujours ailleurs quand ils aperçoivent une sibsi — pipe à kif. Je trouve ce pays génial. Évidemment, je ne connais pas la politique intérieure d'Hassan II...
Dans les médinas, toutes les femmes sont voilées, sauf les berbères maquillées au henné.

À chaque fois que j'ai l'occasion de passer par Fez, je m'arrête à la sortie où un ermite a construit une cabane avec tout ce qu'il a pu trouver : branches, divers débris d'électroménager, bâches en plastique... On l'appelle Boulehaya – je crois que ça veut dire " le barbu[1] ".

Le soir, ses copains se retrouvent chez lui et ils fument du kif en se partageant une bouteille de vin. Ça fait un demi petit verre chacun. C'est suffisant pour booster le kif. Il a plusieurs de petits pochons qu'il coince entre les branches de sa cabane. Ils chantent en tapant dans leurs mains. Avec eux, je suis heureux.

Mais, un jour, en remontant de Marrakech, plus de cabane. Je suis fortement déçu et je m'apprête à quitter la ville quand je croise Boulehaya. Et là, tristesse infinie. L'ermite est ivre et pue l'alcool à brûler, il ne me reconnaît pas et semble à moitié fou.

C'est une vraie saloperie cet alcool à brûler. Au Maroc on peut trouver du vin – el shrab – mais c'est interdit aux Marocains. Il y a donc des dealers de vin rouge, mais ils sont rares, car c'est très fortement réprimé. Alors les Marocains qui veulent boire un coup se tournent vers l'alcool à brûler qui

---

1   Mais je ne le jurerais pas.

leur grille le cerveau à grande vitesse. Je suis tout triste pour Boulehaya. D'ermite, il est devenu clochard.

À quelques occasions, je vais acheter un litre de vin rouge dans les magasins qui en vendent aux touristes, pour des Marocains qui m'attendent dehors. Si ça peut leur éviter l'alcool à brûler...

Je rencontre des " freaks " un peu partout. C'est un terme américain qui englobe tout ce qui est poilu, qui fume et qui se déplace. C'est beaucoup moins réducteur que hippy, beatnik ou routard. Les Américains ont presque tous le même parcours : ils ont bossé un an avant de partir vers Londres. De là ils joignent l'Allemagne où ils achètent un minibus Volkswagen et descendent au Maroc. Beaucoup d'entre les eux sont des insoumis. Ils fuient la guerre du Vietnam. Ils aiment bien tout le monde sauf les Français et les Marocains considérés comme des voleurs.

Quelques-uns se regroupent le soir autour d'une grande table sur la terrasse d'un café de la place Djemaa el Fna. Je m'y assieds, mais aussitôt l'un d'entre eux me fait signe de ne pas continuer :
— No French here.
Ce à quoi je réponds:
— I am not French, I am Breton.
Ils parlent un peu entre eux et m'invitent à m'asseoir. Je sors ma sibsi et offre une pipe à chacun.

Je comprends leur réaction. Une bande de junkies, en majorité niçois, est spécialisée dans le vol de Traveller's checks et de passeports. Je reste quand même un peu sur le cul. Ils semblent connaître la différence entre un Breton et un Français, eux qui n'ont aucune idée de la géographie européenne. Je n'ai pas pu comprendre ce qu'ils se sont dit. Plus tard, j'apprendrai que parmi eux il y avait un Anglais, qui leur avait expliqué que nous étions comme les Gallois pour les Anglais, donc comme les Amérindiens pour les Américains.

La vie à Marrakech au tout début du printemps est très agréable. Pas de pluie et une chaleur très supportable. Je rencontre plein de gens. On fume kif et haschisch. Pour celui-ci je découvre le chillum. Une pipe indienne en terre cuite sans coude. On aspire directement dans la main qui le tient, l'autre sert de support et assure l'étanchéité. La " claque " est immédiate et nettement plus forte qu'un joint à quatre ou six feuilles.

Place Djemaa el Fana, le soir, Marrakech

Les conversations ne tournent plus autour d'Istanbul, mais de l'Inde, qu'on appelle à cette époque " Les Indes ". Je rencontre des gens qui y vont, d'autres qui en reviennent. Ceux-là sont visiblement bouleversés. Ils ont dans les yeux quelque chose que les autres n'ont pas. Ça m'intrigue et je souhaiterai en savoir plus.

Et puis on parle beaucoup de l'Acide. Le diéthylamide de l'acide lysergique tiré de l'ergot de seigle. Le fameux LSD 25 piqué à l'armée US par Timothy Leary, que je croiserai quelques mois plus tard à Alger.

J'ai envie de tenter l'expérience. J'en parle à un copain qui s'y connaît bien. Il me déconseille de le tenter à Marrakech à cause de la foule et me suggère d'aller à Essaouira qui est au bord de l'océan. Il me dit aussi que c'est un voyage à l'intérieur de soi et qu'il est nécessaire d'avoir un guide. Il ne faut surtout pas le faire seul la première fois.

Au bout de quelques jours, je vais à Essaouira. L'influence des Portugais dans le décor se fait sérieusement sentir. Devant les remparts, une très belle plage est balayée par un vent constant qui gâche tout. Je rencontre un Français.

Essaouira l'une des portes de la ville

Il me dit qu'il y a un petit bled au bout de la plage à quelques kilomètres. Il y a plein de freaks qui vivent là-bas. Les Marocains s'organisent pour louer le maximum de maisons.

Je décide d'y aller. Le bled s'appelle Diabet. Il est relié à la plage d'Essaouira par un pont impraticable. Il reste juste une bordure en pierres. Le reste s'est écroulé. Si on ne choisit pas cette voie, il faut faire un grand détour.

C'est un petit village qui n'a ni eau courante, ni électricité, ni véhicule à moteur en dehors des vans Volkswagen des hippies américains.

A Diabet, il n'y a qu'une épicerie tenue par un vieux malin qui nous arnaque autant qu'il le peut. Sa boutique est ouverte tous les jours. Il dort dedans la nuit.

Il vend surtout des piles pour ceux qui ont des cassettes audio. C'est l'heure de Neil Young ; de Crosby, Still and Nash ; de Jefferson

Airplane ; Jimmy Hendrix, Janis Joplin ; Cat Stevens ; Grateful dead et surtout de Pink Floyd.

Ce qui reste du pont quelques années plus tard.

Depuis quelque temps je ne porte qu'une gandoura bleue et des sandales. J'ai une couverture, un pull et un jean roulés dedans, mon chillum que je porte en sautoir et mon passeport dans la poche de la gandoura, c'est tout.

J'ai quelques copains, et je vis avec un petit groupe dans une maison d'une pièce. On passe notre temps à fumer et à parler de voyages, des aventures et des mésaventures rencontrées en Turquie ou en Iran. Mais ce qui me plaît surtout c'est quand on héberge quelqu'un qui revient des Indes.

Un jour, une Américaine m'initie au Yi-King. Elle pratique la méthode des trois pièces. Je jette les pièces six fois de suite, sans poser de question. J'obtiens le premier hexagramme : le Créateur. Elle me regarde bizarrement et me demande de recommencer. Ce que je fais. Je retombe sur le Créateur. Elle veut encore que je recommence, et j'obtiens encore la même chose. Elle finit par me dire qu'elle n'avait jamais eu un cas comme moi. Du coup, elle me propose un fix — une injection intraveineuse — d'amphétamines Je n'en avais jamais pris et elle me propulse la moitié de la boite dans le sang, et s'envoie les quinze autres comprimés de la même manière.

Je découvre qu'il y a deux façons de gérer l'effet. Soit, on met le physique en avant et on se retrouve à trois heures du matin en train de courir, en fausse pleine forme, le long de la plage d'Essaouira, soit on intériorise tout. C'est cette option que je choisis. Je me trouve un coin dans la maison, je m'assois en tailleur le dos bien droit contre un mur. Et pendant sept à huit heures mon cerveau travaille à plein, sans le moindre mouvement de ma part. Le support de réflexion que je choisis est la nécessité de trouver ce que je recherche, c'est-à-dire la direction et le but à atteindre.

Je suis servi. La direction, c'est l'Est, et le but à atteindre est la pauvreté totale. Bon, les amphétamines n'étaient pas nécessaires pour ce qui est du but à atteindre : je suis complètement fauché, et ça me plaît énormément, même si ça pose des problèmes techniques, comme manger, par exemple. C'est le prix de la liberté. L'envie d'aller en Inde était déjà présente avant le fix. Mais c'est devenu presque vital car c'est le seul endroit au monde où la pauvreté totale est vénérée, quand elle est volontaire, bien sûr. Ces heures passées à cuire mon cerveau, tant l'exaltation était intense, me confirme complètement que je dois aller en Inde pour y vivre.

La descente est extrêmement pénible. Heureusement, car je sais déjà qu'on devient dépendant très rapidement. Et que là, c'est grave. J'ai vu assez de junkies pour en être persuadé.

Fort de cette constatation, je me mets à lire tout ce que je trouve, en français et en anglais – ce qui est quand même un peu ardu, pour moi, concernant l'Inde. La Bagavad Gita, les aphorismes de Sri Aurobindo, le Livre des morts tibétains, la Kena-Upanishad, etc.

Un jour, alors que je prépare un tajine dans la maison où je vis, deux personnes arrivent en me provoquant un mini-séisme intérieur. Un frère et une sœur. Il a dans les yeux ce quelque chose qui annonce qu'il a vu ce qu'on ne peut pas voir. Ce qu'on ne peut pas expliquer. Elle est habillée d'un sari rouge et respire la sainteté. On les accueille, bien entendu. Ils acceptent mon invitation à manger. Ils nous racontent ce qu'ils ont fait en

Inde. Lui, Jean-Jacques, n'a fait qu'un petit séjour de trois mois à Goa, Bénarès, Manali et Katmandou. Il a fréquenté quelques sâdhus d'obédience shivaïte. Il m'explique que ces sâdhus sont des renonçants. Ils ont connu l'expérience ultime : la fusion Atman-Brahman, c'est-à-dire l'union de l'âme individuelle et de l'âme universelle. Ils sont devenus immortels - pas physiquement, bien sûr. Ils ne possèdent rien. C'est le summum de la richesse.

Naga baba

Il a pris un " Acide " à Bénarès — Vârânasî en hindi ou en Sanskrit — avec l'un d'entre eux. D'après ce dernier ils ont atteint le Samadhi : l'état de conscience qu'on obtient avec l'ouverture du chakra situé en haut du crâne. Un yogi va y consacrer toute sa vie pour, peut-être, y arriver. Avec l'Acide c'est immédiat. Cette affirmation est rejetée par nombre de gurus et médecins. Mais l'inverse est aussi le cas. On en reparlera.

Quand il parle de Shiva, qu'il appelle Shankar — l'un de ses 108 noms — il me captive complètement. Sa sœur, Yolande, est devenue disciple d'un guru un peu original. Il s'appelle " Father " et vit depuis quelques mois en Californie. C'est ce que j'appelle, avec un peu d'ironie, un guru qui " a réussi ". Je ne crois pas un instant à la sainteté des gurus et autres swamis anglophones, spécialisés dans l'occidental à la recherche de lui-même. Occidental américain de préférence et si possible pas trop pauvre.

Jean-Jacques propose de me guider lors de mon premier trip. J'accepte avec enthousiasme. On décide de faire ça dehors sous les étoiles. On fume quelques chillums en attendant que l'effet du LSD démarre. Et au bout d'un moment, mon niveau de conscience s'élargit, je me sens envahi par un gigantesque bonheur qui me fait fusionner avec l'Univers. L'extase pure !

L'inexplicable est difficile à expliquer, alors l'ineffable… Mais je vais essayer. Il y a forcément deux " moi ". Un, doté d'un corps, et un autre " moi ", pas très différent qui est parfaitement intégré dans l'univers et qui observe ce qui se passe. L'égo est complètement silencieux, voire absent. J'ai parfaitement conscience de la situation. C'est bien moi qui suis en communion avec ce que j'appelle " le Grand Tout ", mais je n'en tire aucune gloire, et je n'essaye pas de ramener quoique ce soit à moi, c'est-à-dire à mon égo. Je me contente de vivre pleinement l'instant présent et là, une évidence se fait : **j'ai tout compris !!!**: il n'y a que ça qui compte. Tout le reste existe[1], ou pas d'ailleurs, mais il n'a aucune importance, c'est l'illusion : Maya. Seul ce moment-là compte. Plus tard, je saurais que les Indiens l'appellent Sat-Cit-Ananda : Être-Conscience-Félicité.

Contrairement à ce qui est souvent dit, on n'entend rien de spécial, on ne voit rien de particulier. Si on peut dire avoir " vu Dieu " ou la " Lumière " c'est une image. On ne voit pas d'anges qui soufflent dans des trompettes, on n'a pas de contact avec des êtres de lumière… Rien de tout ça. Pas d'effets spéciaux. C'est uniquement l'épanouissement de la conscience dans une totale béatitude.

La descente se fait en douceur au bout de douze heures et là, je constate que je viens de naître à nouveau. Je suis donc un Dvija – un deux fois né. Ce trip a été une deuxième naissance. C'est clair, c'est net et indiscutable. Je ne vois plus rien de la même façon. Je lis quasiment l'âme d'un individu après un simple coup d'œil sur son visage. C'est un autre Hervé qui vient de naître. Pas très différent de l'autre, mais radicalement différent quand même.

---

1   Univers, galaxies, sens du devoir, société humaines, maladie, amour, haine, vie, mort, bref tout.

Rien n'a d'importance. Tout existe, mais ça n'a aucune importance. Le bien et le mal n'ont aucune importance, rien n'en a, en fait. Juste la fusion avec le " Grand Tout " compte. Le concept de Maya rejoint celui de l'Univers quantique, découlant de la physique du même nom.

Je ne peux pas parler de Dieu. Existe-t-il ? Si oui, lequel ? Je ne sais pas. Je suis athée, si j'avais été croyant, j'aurais sans doute eu une autre interprétation. Ça n'a pas d'importance. Pas de vison de Shiva ou de Jésus, on est au-delà de la conception de Dieu. Ça en aura quelque temps plus tard, une fois redescendu sur terre.

J'en discute avec Jean-Jacques et d'autres. Pour eux, il y a un dieu qui est l'union de tout ce qui existe, qu'ils appellent Shiva[1] ou Shankar, il est présent, partout et en tout. Je suis Shiva, toi aussi et l'Univers aussi (matière, émotions, sentiments, pensées compris).

En fait, il est présent dans toutes les particules élémentaires, les quarks, les photons, les protons et les antiprotons… C'est ce que mon cerveau déduit pour essayer de trouver une explication relativement rationnelle. Shiva est le roi de la physique quantique. C'est la Conscience. Elle est dans tout et n'attend que l'énergie — Shakti— pour fusionner. La Shakti est dans chacun de nous. À nous de la mettre en route et de lui faire connaître Shiva. L'Acide est un moyen. Il y en a des centaines d'autres.

Si ça m'aide à comprendre, je ne suis pas sûr du tout qu'un physicien me suive.

Complètement transformé par cette expérience, je décide d'aller en Inde et d'y vivre comme un sâdhu jusqu'à ma mort.

---

[1] Shiva, comme tous les dieux et déesses, sont des "manifestations" du Brahman, tout comme moi, vous, et le fauteuil dans lequel je suis assis.

7 ans sur la route

Petit tour au Maghreb

Ce qui était à craindre vient d'arriver, je parle des flics en civil. Rien de méchant, mais un contrôle des passeports et des dates de visa. L'un d'entre eux me dit qu'il est temps de partir, mon entrée au Maroc remonte à plus de six mois pour un visa de trois mois.

J'accepte sans rechigner. C'est que les choses doivent se passer comme ça. Pourtant je ne me sens pas suffisamment prêt pour aller en Inde tout seul. Je vais aller faire un tour jusqu'en Tunisie et revenir avec un nouveau visa.

Je pars avec Jean-Jacques en stop, direction Alger. Il regagne Marseille, où il habite. Nous passons par Casablanca, ce qui n'était pas dans mes habitudes. En traversant la médina de Casa, j'entends quelqu'un qui m'appelle. Nous levons la tête et nous voyons un des gus qui était à Diabet, au bord d'une terrasse qui nous fait signe de monter. Ce que nous faisons.

Il y a une dizaine de freaks autour d'une table basse occupés à tester tout plein de haschischs différents. Ça va du vert foncé au noir en passant par le blanc – celui qui a été enterré pendant un an. Le copain qui m'a appelé m'explique que deux Américains veulent en acheter un kilo. Le vendeur, un Marocain d'une trentaine d'années nous fait signe d'y aller, de tester tout ce qu'on veut. Alors, on y va !! les chillums, les joints et les pipes à eau entrent en action, et on teste tout. Au bout d'un moment tout le monde est raide stoned, et nous avons le plus grand mal à dire quel shit est le meilleur. Finalement l'Américain qui mène la transaction en choisit un.

Le Marocain s'en va chercher le kilo et revient très rapidement avec un sac. Il regarde partout, essayant de repérer d'éventuels curieux et échange fric contre shit par-dessous la table basse. L'Américain ne vérifie pas ce que lui tend le Marocain. Une fois la transaction terminée, le Marocain salue tout le monde et s'en va. L'Américain décide d'inaugurer son kilo et en sort une plaque discrètement pour faire un chillum. Et là, catastrophe, il réalise qu'il vient d'acheter un kilo de henné ! Il essaye de retrouver le Marocain, mais évidemment l'autre ne l'a pas attendu…

Nous repartons vers Oujda. De l'autre côté de la frontière, nous rencontrons un Américain qui propose de nous héberger pour la nuit dans une grande chambre collective louée dans un hôtel. Il y a au moins vingt personnes, assises sur les nattes, adossées aux murs. On a du kif et du shit en quantité, il faut dire qu'à cette époque on passait la frontière avec ce qu'on voulait dans la poche, la plus naturellement du monde. Sibsis, chillums et joints tournent dans tous les sens. Trois bougies éclairent la pièce, sur des plateaux de cuivre. Je distingue celui qui joue de la darbouka à travers la fumée.

Quelqu'un frappe à la porte, provoquant un silence des plus violents faisant atterrir tout le monde. L'Algérie, ce n'est pas le Maroc. Elle est très largement répressive en ce qui concerne le cannabis. C'est le patron de l'hôtel. Il demande qui est Monsieur Le Bévillon. Il a mon passeport à la main. Je me lève complètement stoned. Je suis persuadé qu'ils vont s'en apercevoir. Les deux flics, en civil, qui m'attendent au bas de l'escalier me scrutent. Je souris tout en paniquant intérieurement. Ils me demandent si je compte rester en Algérie. Je leur dis que je vais en Tunisie. Pendant tout cet entretien que je trouve archi-long, ils me scrutent droit dans les yeux. Puis, le plus vieux des deux me rend mon passeport et me souhaite une bonne nuit. Ouf !

C'est un dur rappel à la réalité. Shiva est peut-être partout et dans tout, mais ça n'empêche pas que la vie continue, même si elle n'a aucune importance. C'est à chacun de s'en accommoder, d'être au-dessus de cette petite vie mesquine et ridicule. Il faut simplement trouver comment faire.

Arrivé à Alger, je cherche un endroit dans le centre pour exposer mes dessins faits avec la bande de lascars de Rennes. Ils sont affreux. Ce sont des motifs plus ou moins géométriques dont chacun est rayé de dizaines de traits faits au stylo noir. Ce sont des formats A4. Je les tiens au sol par des cailloux. Jean-Jacques écrit aux craies de couleur le traditionnel : " Aidez-nous à continuer notre voyage. "

Les pièces tombent immédiatement. Pas des grosses mais plein de petites. Ça aide. Au bout d'une heure on en a assez pour prendre le petit déjeuner. On va dans une crémerie à l'entrée de la Casbah. Ils ont du lait ribot[1] qu'ils appellent elben (et leben au Maroc). On a assez pour s'acheter des baguettes de pain toutes chaudes. Le crémier nous vend du beurre. Je suis

---

1 Le lait après avoir été baratté.

obligé de lui demander du sel, parce qu'un Breton ne peut pas manger du beurre doux sans renier son âme. C'est comme ça.

Dans la soirée, un petit groupe d'étudiants nous invitent chez eux. Quand on arrive il y a déjà une dizaine de noirs américains, des Black Panthers réfugiés politiques et deux splendides Algériennes qui sont accompagnées de deux très belles françaises. Deux sœurs.

Les chillums et les bouteilles de rouge tournent. Jean-Jacques et moi ne buvons pas, par contre, les frangines sont de plus en plus chaudes. Après avoir vainement tenté leur chance auprès de nous, elles se retournent vers les Américains qui sautent sur l'occasion. Et là, ça devient carrément brûlant…

La Casbah d'Alger

Dans la soirée un type d'une quarantaine d'années bien tassées avec une nana de l'âge d'être sa fille, vient et s'asseoir un peu à part. C'est Timothy Leary, qui se planque en Algérie avec tous les flics américains aux fesses.

Thimoty Leary

J'hésite à aller lui dire que grâce à lui je viens de connaître une fantastique expérience. Mais je sais que je suis loin d'être le seul, alors je le laisse tranquille. D'ailleurs, il est visiblement plus intéressé par sa minette que par le reste.

Le lendemain on est hébergés chez un autre étudiant. On y va parce que, les Black Panthers, c'est bien, mais on se lasse vite de la fiesta alcoolisée, et puis de les admirer en train de sauter les Françaises au milieu de la pièce, ça gêne un peu. Les deux Algériennes restent chastes. Leur père leur fait passer un certificat de virginité tous les mois. Alors, elles attendent d'être majeures.

Quelques jours plus tard, Jean-Jacques utilise son billet de retour pour rejoindre Marseille. Je vais à Tunis. L'auto-stop en Algérie, et même dans tout le Maghreb, est un plaisir. Je lève le pouce et deux voitures s'arrêtent. Les gens sont toujours très ouverts, sympas et chaleureux. Comme d'habitude, je suis invité partout sauf un soir où j'arrive dans un bled que je ne connais pas, et là je vais manger au Croissant Rouge. C'est la version musulmane de la Croix rouge. Ce sont les Frères Musulmans qui financent. Des volontaires avec des casquettes américaines rouges font marcher la boutique. Personne ne me demande rien. C'est bon et l'ambiance est sympa.

Arrivé à Tunis, je vais voir la médina. Pas loin de l'entrée, il y a des marches devant un bâtiment plus ou moins officiel, sur lesquelles attendent des individus poilus en tous genres, plutôt occidentaux que maghrébins. Je reste un peu avec eux.

Je rencontre aussi quelques étudiants tunisiens. On sympathise et au cours d'une fête improvisée, j'ai droit à une danse du ventre particulière. C'est très érotique quand c'est particulier et surtout quand ce n'est pas en costume traditionnel. Mais ça n'ira pas plus loin. Je n'ai pas la tête à ça.

Sur les marches d'un bâtiment de l'avenue Bourguiba, sans trop m'en apercevoir vraiment, je me retrouve à discuter avec un type qui a l'accent parisien et les cheveux longs. Il s'appelle Daniel[1], Il fait partie d'une bande de jeunes du square Guy-Moquet à Paris, transportés par leur curé en Afrique du Nord pour leur changer les idées.

Il a deux acides sur lui et voudrait essayer, il n'a encore jamais fait de voyage, et je lui propose de passer la nuit hors de la ville sous les étoiles. Il est d'accord et il va demander au curé sa " bénédiction " pour la nuit. Celui-ci me regarde de travers mais finit par acquiescer. Daniel prend son duvet et nous partons chercher un coin tranquille. On le trouve finalement au bord de la mer. Comme c'est son premier trip, Je fais donc office de guide. Nous passons tous les deux la nuit en communion avec le ciel, la terre, la mer et tout ce qui existe. Ce " voyage " confirme les premiers comme pratiquement tous ceux que je ferai jusqu'à mon retour d'Afrique noire — on en reparlera. C'est vraiment ce que j'ai ressenti la première fois. Il y a deux " moi " celui qui fusionne en pleine communion avec l'univers et l'autre qui admire ce phénomène. On ne dit pas un mot. De quoi parlerions-nous ? Nous vivons intensément le moment présent. Nous sommes Shiva, l'Acide a déclenché la Shakti. Nous baignons dans l'Unité.

Au petit matin, nous redescendons de notre trip. Daniel retourne vers son curé et moi je " bouine "— je glande comme on dit en gallo, langue de Haute-Bretagne. J'attends sur les marches. L'acide était vraiment de première qualité. Il fait bon, l'ambiance est sympa sur l'avenue Bourguiba. Pourquoi bouger, pourquoi courir ?

Mais, je me remets en route vers la poste, j'ai une lettre de mes parents qui m'y attend. À l'époque on ne se téléphonait pas. J'avais convenu avec ma mère, folle d'angoisse, de lui envoyer une lettre, même sans timbre ni rien dedans, pour donner signe de vie. On restait en contact via la poste restante. Pas de problème j'y vais. L'employé me donne ma lettre et me demande 40 millimes – parce qu'en Tunisie, à cette époque, du moins, on

---

1   Ce n'est pas son vrai prénom.

commençait à compter en millimes de Dinars. Je n'ai pas un sou, comme d'habitude et je me retourne pour voir si je peux les demander à quelqu'un et là, j'ai quasiment la seule véritable hallucination de toute ma vie : je me retrouve en plein dessin animé. Tous les usagers et agents des postes se sont transformés en caricatures d'eux-mêmes. Gros nez, grandes oreilles, tous les traits particuliers se retrouvent exagérés. J'éclate de rire et tout redevient normal. Le premier type à qui je demande ces 40 millimes me les donne sans problème.

Quarante ans plus tard, après avoir lu toutes sortes de récits d'expériences de type NDE, je me dis que si j'avais eu l'esprit torturé, j'aurais pu flipper en me retrouvant dans cette autre dimension, mais un éclat de rire a suffi. Mon ego était vraiment mis de côté.

Daniel décide de continuer avec moi vers le Maroc et dit adieu à son curé qui n'apprécie pas du tout. On passe par Rabat, ce qui n'était pas la route que j'utilisais habituellement. Là, le soir on va faire la manche dans la rue principale de Rabat. On tombe sur deux Marocains qui nous disent qu'ils n'ont pas de sous mais connaissent un coin où on va pouvoir dormir tranquilles.

Rabat, centre ville

Bon, on suit. On a du kif, on mangera demain. Et puis on commence à trouver qu'on va un peu loin. On sort de la ville, il fait quasiment nuit. Finalement on atterrit dans un cimetière, celui de Salé, un faubourg de Rabat.

Cimetière de Salé

Là, ils trouvent deux nattes toutes pourries, les installent par terre et s'assoient dessus. OK, on sort la sibsie et on commence à fumer. Et puis les deux gars deviennent entreprenants. Aïe, il y a erreur ! On le leur dit, ils prennent ça mal et se mettent dans l'idée de nous dévaliser, pour compenser. Là, aucun problème, je leur dit de fouiller et garder tout l'argent qu'ils trouvent. Évidemment, ils ne trouvent rien. Et de rage, ils réussissent à arracher le pantalon de Daniel et foutent le camp aussitôt. Daniel est en slip. Je lui passe ma gandoura. Comme il est plus petit que moi, il marche dessus. Mais, c'est mieux que rien. On va voir les flics à Rabat qui nous disent qu'ils ne peuvent rien faire, mais on finit par trouver un jean à peu près à sa taille. Daniel est écœuré, il rentre à Paris.

Cap sur l'Inde

Me voilà de retour à Diabet, où la vie continue sans moi. Je retrouve des copains et je m'en fais de nouveaux dont Christian, le crâne rasé avec juste une queue de cheval à la manière d'un " Hare-Krisna ". Il a flippé à Marrakech, quand il est tombé sur la bande de niçois spécialisés dans le vol de passeports et de chèques de voyage, sans pour autant dédaigner l'argent liquide.

Ils lui ont donné un Acide comme s'il était un vieux copain, ils l'ont largué sur la place Djemaa-el-Fna au milieu des charmeurs de serpents, des berbères gnaoua, des gosses qui dansent, pieds nus, sur des tessons de bouteille, etc. Ils se sont empressés de fouiller son sac pour tout lui piquer. Il a constaté le vol en pleine descente. Il est resté un peu bizarre. C'est ce groupe de junkies qui pourrit tout sur son passage. C'est la première fois que je constate un dégât collatéral de l'Acide. J'en verrai d'autres. Ça m'amène à penser aux prises de positions des uns et des autres à travers la presse. Oui, c'est un produit assurément dangereux s'il est pris n'importe comment. Mais pris dans les mêmes conditions que moi, c'est archi-positif.

D'ailleurs j'en prends d'autres, tout seul maintenant, mais avec les conditions nécessaires : la nuit sous les étoiles, loin du bruit et loin de la foule, comme d'habitude. J'en prends un tous les deux jours pendant un moment.

Cette nuit-là, je me promène dans Diabet, en gandoura, ma couverture sur les épaules. Et tout d'un coup, je prends conscience que je ne me trouve plus dans mon corps mais juste à côté. Mon esprit ou mon deuxième " moi " est comme un compagnon de promenade. Je suis à côté de " moi " tout en étant en " moi ". C'est impossible à expliquer clairement, surtout à quelqu'un qui ne connais ni le LSD ni la recherche de la fusion Shiva-Shakti

Et pourtant, on est dedans. Pour moi, ça ne se discute même pas. C'est comme ça. Je n'ai aucune hallucination, en dehors de quelques perceptions originales de la réalité matérielle. Les couleurs sont plus vives, tout est beau. Je jouis pleinement de l'instant présent en fusion avec le " Grand Tout " dans un immense bonheur qui m'envahit entièrement.

Et puis la vie continue à Diabet. Je prépare souvent des tajines aux légumes. Ça fait un plat pour une dizaine de personnes. On prend donc du pain pour le manger, comme les Marocains. Tout ça entre deux chillums. On va souvent à Essaouira en passant par la plage.

Un des gus de Rennes débarque un jour et s'installe avec nous à Diabet. Plus tard, j'apprendrai que toute la bande avait eu des emmerdements avec les flics pour des histoires de stupéfiants lors de la soirée, à laquelle je participais, chez une copine à eux. Le père avait porté plainte pour usage de stupéfiants, alors qu'il n'y en avait pas. Quand l'enquête a commencé, j'étais déjà au Maroc et je n'en savais rien. Toute la bande m'a chargé. Normal, je n'étais pas là. Au procès, j'ai pris six mois avec sursis par contumace pour " apologie de la drogue ". Les flics m'attendront jusqu'à mon retour d'Afrique pour me signifier ma condamnation et me demander si je veux faire appel ou pas.

La vie à Diabet dépend du temps. En hivers, il n'y a pas grand monde. Quelques maisons sont louées seulement. Je me fais un copain : Larbi, un des gars du coin qui loue sa maison. Dès que le printemps arrive, les hippies américains déboulent aussi. On passe notre temps à fumer et à prendre de l'Acide. On se fait aussi du thé à l'opium : ce sont des bogues de pavot qu'on achète pour quasiment rien sur le marché. Il faut les faire bouillir. C'est dégueulasse à boire mais ça fait un petit effet.

Un soir, on va chez des amis Américains dans un autre bled. Un Marocain, qui gagne sa croûte en prêchant sur les marchés du coin, se charge de préparer un gâteau au haschisch. Les chillums tournent presque sur les rythmes des darboukas. Un copain français me fait un fix d'amphétamines. Ça grimpe tout de suite. Quelqu'un doit avoir un gros stock de shit, car les chillums tournent tout le temps.

Le gâteau est prêt. Les gâteaux, plus exactement. Le Marocain a vu qu'il en faudrait plusieurs. J'en prends une grosse tranche. Il est fort ! Au bout de quelques minutes, me revoilà parti comme l'autre fois avec l'Américaine au Yi-King. Rien ne se passe au-dehors, tout se déroule dans la tête. Mais je sors car je viens de décider d'en savoir plus. Je veux intellectualiser la fusion que j'ai connue lors de mes trips. Je reste dans la cour de la petite maison en pisé, tout seul dans la nuit. Je regarde le ciel, debout sous les rythmes des darboukas. Et là, intérieurement, j'interroge le ciel : " Dieu[1] est-ce que tu existes ? Si oui, fais-moi un signe. " Je reçois immédiatement une réponse. L'univers se contracte une fraction de seconde. Je le prends en plein cœur. Ça n'était destiné qu'à moi, personne n'a pu s'en apercevoir. C'est un oui, clair, net et précis.

Je reste un peu sonné dans la nuit, puis je retourne dans la maison. Je m'assois dans le coin où j'étais et tout d'un coup je me mets à pleurer sans raison apparente. En fait je reçois un très long message et tout de suite j'écris ce qui m'est envoyé, sur un petit carnet que je détruirai plus tard, bêtement, en Afrique noire. Je suis totalement incapable de me souvenir du contenu exact maintenant. Et ça dure, ça dure ! Les pages se remplissent…

Je reste quelques jours à Diabet plus silencieux que d'habitude. J'ai eu une réponse, c'est indéniable. Un cartésien me dirait que ce ne sont que les effets d'une drogue. Effectivement, il y en avait même deux, le gâteau au haschisch et les amphétamines, sans parler des chillums. Mais ces drogues ont permis cette interrogation et la réponse sans doute aussi. Mais ça n'était destiné qu'à moi. À personne d'autre. Et la réponse vient de moi, de mon inconscient, de ce que je sais déjà, puisque Dieu n'est pas quelqu'un d'autre. Chaque expérience est individuelle, forcément. Elle dépend de chacun et n'est pas transmissible intégralement à d'autres. C'est obligatoirement une quête solitaire. Pas forcément tout seul dans le désert, mais aussi dans la vie normale. Cette expérience duelle m'a laissé une forte impression. J'imagine que c'est ce genre de choses qu'ont connu les prophètes monothéistes, sans amphétamines[2], bien sûr. Mais, finalement, comme je n'ai pas l'intention de fonder une religion, ça n'a pas d'importance.

Mais je ne suis pas entièrement satisfait. Il est temps que je me dirige vers les Indes, je sais que j'y trouverai la réponse.

---

1 Pas au sens catholique, au sens plus général.
2 Mais peut-être avec de l'éphédra, dont la molécule en est très proche.

À Oujda, je prends un bus pour l'Algérie, mais il ne peut pas démarrer car une bagnole de flics lui coupe la route dans un grand crissement de pneus à l'américaine. Les flics viennent droit sur moi et ils m'embarquent. En France c'était la routine, au Maroc c'est plus surprenant. Contrôle de papiers et cellule. j'ai du haschisch sur moi, mais on ne me fouille pas. En fait, je suis expulsé, mon visa est encore dépassé de plusieurs mois. Au bout d'un moment assez court, ils m'envoient à la frontière.

Oujda 1900

Là, le douanier ou flic en chef décide de me faire poireauter. Il espère sans doute que je vais le supplier de me laisser passer, mais, j'ai un bouquin et je me mets à lire tranquillement d'autant plus que je suis toujours sous l'effet du joint du matin. Bouquin passionnant, c'est le flic qui craque le premier et qui me fait passer la frontière.

L'itinéraire que je me propose de suivre est assez simple : la côte algérienne, tunisienne, libyenne, égyptienne et après je verrai si je peux passer par la Jordanie ou Israël et rejoindre l'Iran, l'Afghanistan, le Pakistan et l'Inde.

À Alger, je fais une rencontre : Michel, un grand chevelu vendéen. Il a réussi à se procurer du haschisch. Il s'est arrêté devant mon exposition de gribouillages. Ça l'amuse de voir les Algériens donner de la monnaie. Je suis obligé de refuser une pièce que me donne un mendiant soi-disant aveugle, installé plus loin. Il s'obstine, et finalement j'accepte ses centimes. En deux heures on a assez de sous pour, non seulement racheter du shit, mais aussi s'offrir un monstrueux petit déjeuner, à ma crémerie habituelle, même si midi est passé depuis longtemps.

Alger, la grande poste.

Il va en Inde, lui aussi. Il n'a pas un centime mais n'hésite pas à faire la manche, contrairement à moi qui n'aime pas du tout ça. On fait une dernière expo, le jour suivant. On gagne encore un tout petit pécule, et on part en stop vers l'Est.

Nous arrivons à la frontière libyenne sans difficulté. Nous n'avons quasiment pas vu la Tunisie en dehors du quartier à putes de Sfax où le type qui nous a pris en stop a voulu absolument faire une pause. Nous avons attendu dehors, à l'extérieur du bordel. Non pas à cause d'une excessive pudibonderie, mais ce n'était pas notre truc à ce moment-là. Et puis, en ce qui me concerne, j'ai besoin d'un minimum d'affection.

Les douaniers libyens fouillent tous les sacs et valises à la recherche de photos pornos, d'alcool ou de toute autre denrée interdite qu'ils doivent, plus que probablement, s'accaparer. Pour Michel et moi c'est vite fait. Par contre, nous n'avons pas de visa libyen et ils refusent de nous laisser entrer. Habituellement, nous obtenions un visa de tourisme de trois mois, à la frontière, mais là, non.

Demi-tour vers Tunis, direction l'ambassade de Lybie. Il y a une image que je garderai en tête : c'est l'autoroute, qui commence derrière le poste frontière libyen, éclairée par des lampadaires au sodium diffusant une lumière orange. Le contraste est saisissant. Bien que la Tunisie ne soit pas vraiment un pays très pauvre, la Libye, ou du moins ce qu'on en a vu, fait presque Europe.

Nous râlons, mais rien à faire, il faut ce foutu visa. Avant de faire demi-tour, nous regardons avec amusement, côté Tunisie, les Libyens festoyer dans un restaurant à ciel ouvert avec force vin rouge, apéro et whisky. Un Tunisien nous explique que les Libyens qui en ont les moyens viennent jusqu'à la frontière pour s'éclater car chez eux l'alcool est sévèrement réprimé.

Bon, nous voilà repartis vers Tunis. C'est un peu rageant, mais il n'y a pas moyen d'y échapper. Voyage express, le temps d'obtenir ce visa. Nous dînons dans un café autour d'une bouteille de Koudia, un gros rouge qui plaît beaucoup. Nous commandons une bouteille et le patron nous apporte des amuse-gueules consistants en permanence. Ça passe si bien qu'on commande une deuxième. Ensuite nous nous dirigeons légèrement titubants vers l'avenue Mohamed V où une herbe tendre pousse entre les palmiers sur chaque côté. C'est un excellent matelas et il n'y a quasiment pas de circulation. On dort à poings fermés.

Comme d'habitude en Afrique du Nord le stop est facile. La première voiture qui passe sur cette autoroute s'arrête. Elle va à Tripoli, ça tombe bien, nous aussi. Tous de suite nous sentons que le pays est riche. En bavardant avec le gars qui nous a pris en stop, nous découvrons que les Libyens sont environ trois millions, qu'ils ont d'énormes richesses souterraines. Ils ont des coopérants européens. Des travailleurs tunisiens font les boulots les plus durs, mais sont apparemment assez bien payés. Le chauffeur est fier d'avoir Kadhafi comme leader. Il faut dire qu'on ne voit que lui sur les affiches, dans les rues. Il est relativement jeune et beau. Il a une garde spéciale de six jeunes femmes sexy armées jusqu'aux dents, championnes de sports de combat et tireuses d'élite[1]. Il ne vit que sous sa tente, installée derrière le palais présidentiel.

Mais, il y a un léger problème, l'alcool est formellement interdit. Cinq ans de prison pour ivresse sur la voie publique, et vingt ans pour fabrication. Les Libyens ont soif. " On vit comme des chevaux, me dit un vieux, on travaille, on mange et on dort, mais c'est tout. "

Mouammar Kadhafi, jeune et beau.ça ne durera pas.

---

1 Après le chute du dictateur, le monde entier découvrira qu'elles étaient ses esclaves sexuelles.

Tripoli est une ville très agréable. Un peu comme Alger. Il doit faire nettement plus chaud à l'intérieur du pays. Michel et moi restons sur le bord de mer. C'est une belle ville, propre et riche, mais elle ne nous attire pas. On ne sait pas pourquoi. Alors nous reprenons notre barda et nous nous dirigeons vers l'est, vers Benghazi, deuxième grande ville du pays.

Là, c'est mieux. Toujours l'aspect d'une ville calme, où il fait bon vivre. Il y a nettement moins de population qu'à Tripoli. Nous remarquons qu'il n'y a presque aucune femme dans les rues. On connaît l'Islam et la façon dont elles sont traitées. Mais là, c'est différent. Elles semblent être carrément exclues de la société. Pourtant, de temps en temps, on en voit quelques-unes voilées. Et même, beaucoup plus rarement, d'autres vêtues à l'occidentale.

Bengazi

Nous faisons connaissance d'un Français, coopérant technique. Il nous explique ce qu'il fait, mais nous ne l'écoutons pas vraiment. Il nous invite à le suivre chez lui. Et là, c'est presque la caverne d'Ali-Baba des amateurs de bière. Il a des dizaines de casiers de bouteilles vides d'un côté et pleines de l'autre. Il ouvre son frigo et nous en propose une. Nous l'acceptons avec plaisir. C'est un frigo à bière. Il en a un autre pour l'usage courant.

Elle est forte et pas vraiment bonne. Mais, on ne va pas faire les difficiles. Il nous amène ensuite chez un de ses collègues anglais. C'est aussi un brasseur clandestin. Il est nettement plus sympa que le Français qui avait un côté beauf un peu gênant. Il nous invite chez lui pour le temps que nous voudrons. Nous avons perdu la notion du temps depuis longtemps, mais, bon, pas de problème. Nous nous installons dans une pièce avec un gros tapis, ce qui nous change des cailloux dont nous avons l'habitude.

Il nous donne la recette de la bière : Une poubelle de cinquante litres, il faut la remplir d'eau et ajouter une boite de Biomalt. C'est à acheter en pharmacie. Ensuite, il faut le jus de trente citrons verts, trois kilos de sucre et une cuillerée à soupe de levure. On mélange et puis on laisse reposer jusqu'à ce qu'une fine croûte apparaisse. Là, il faut mettre la bière en bouteille. Pour finir, il nous montre un capsuleur. C'est l'inverse du décapsuleur. Il enfonce la capsule. Il faut taper dessus d'un coup de chaussure. Une fois ces opérations terminées, il laisse les bouteilles dans les casiers et quelques semaines plus tard il les range dans son frigo.

Un jour, alors que nous flânons dans un square au bord de mer, Une dizaine d'étudiants, vient nous voir. Parmi eux, il y a des Palestiniens avec leur keffieh. C'est la première fois que j'en vois. Ils sont sympas et vêtus à l'occidentale. Ils nous demandent d'où nous venons, où nous allons, etc. Ils sont curieux. On leur dit qu'on va en Égypte, ils nous apprennent que la route est coupée, suite à des divergences de vues entre le colonel Kadhafi et Anouar el Sadate, le président Egyptien. Quand on leur dit comment on gagne notre croûte avec mes super-dessins, ils rient un bon coup et nous expliquent comment on devrait faire. Deux d'entre eux s'isolent quelques minutes et écrivent en arabe deux pages de cahier. Ils nous en donnent une à chacun. Ils nous disent comment procéder. Nous devons choisir une rue commerçante du souk, entrer sans un mot, dire simplement : " Salam Aleïcum " tendre le papier au boutiquier et il nous donnera de l'argent. Nous restons un peu incrédules. Ils nous expliquent qu'ils ont écrit plusieurs versets du Coran expliquant que celui qui voyage doit être aidé par le sédentaire ; que c'est un devoir pour les croyants ; qu'il est indispensable d'aider les étrangers. Bref, avec ça on devrait pouvoir s'en sortir.

Après avoir remercié notre hôte grand-breton, nous allons au souk pour tester notre " visa coranique ". Nous nous répartissons la rue. Michel fait les bijoutiers et moi les drapiers. J'entre dans ma première boutique où le patron lit tranquillement un journal. Je dis " Salam Aleïcum " et je lui tends le papier. Il le lit, prends un billet dans sa caisse, le mets dans la feuille de cahier pliée en deux et me la tend. Je lui dis " shoukran" — merci — et je sors. Je rejoins Michel. Nous avons du mal à réaliser. Ça a marché à fond. Nous décidons de faire toute la rue et après nous verrons. Quand nous avons terminé la rue, nous disposons d'assez d'argent pour deux tickets[1] d'avion Benghazi – Le Caire, de quoi s'acheter chacun un petit gilet arabe et il nous reste un dollar.

Quelques heures plus tard nous atterrissons au Caire.

Le souk de Benghazi

---

1 À l'époque, l'avion coûtait cher.

De l'Égypte au Soudan

Le Caire ! Là, ça change. À côté de la Libye prospère et calme, l'Égypte apparaît un peu comme une fourmilière de gens excités. Tout le monde crie et se bouscule dans tous les coins de l'aéroport.

Une immense file d'attente se crée. C'est là où l'on doit déclarer notre argent, comme en Algérie. Je me dirige vers un gros flic en uniforme, le fusil en bandoulière, qui sourit béatement en regardant la file.
Je lui explique que nous n'avons qu'un dollar, et que ce serait ridicule d'aller dans cette queue. Il compatit mais trouve que c'est un peu juste pour entrer dans son pays. Je lui explique que nous avons de l'argent en banque et à la poste. Il n'en croit pas un mot, mais ça lui suffit et il nous laisse passer.

Tous les taxis veulent nous conduire, mais quand nous leur expliquons que nous n'avons qu'un dollar, ils n'insistent pas.

Le Caire 1967

Pour les gens qui aiment les villes surpeuplées et hystériques, Le Caire convient très bien. Nous sommes complètement ahuris de voir les tramways, ou trolleys, archi-bondés. Il y a plus de gens accrochés à l'extérieur qu'entassés à l'intérieur. Et, à notre grande surprise, il y a des contrôleurs. Ils arrivent à se faufiler entre les passagers. Ils sont quand-même tous très minces, ça doit être un métier impossible aux gros.

Tramway. Le Caire, 1935. Ça n'avait pas beaucoup changé.

La ville est en état de siège. Devant tous les bâtiments publics, il y a une pancarte où c'est écrit : "no photo". Et pour bien faire comprendre que c'est sérieux, une mitrailleuse pointe son nez entre les sacs de sable.

La mode masculine est au battle-dress. Nous supposons que l'Égypte est en guerre contre Israël. Mais ce n'est qu'une supposition, ça fait un bon moment qu'on se fout de l'actualité. Des vendeurs de cigarettes à la pièce et autres bricoles, ont aussi dans leur stock des galons à coudre soi-même ou à faire tenir avec une épingle à nourrice, vendue avec. Il y a beaucoup de " gradés " dans les rues.

Les commerçants essayent de nous faire entrer dans leurs boutiques. Il n'est pas encore midi, mais nous sentons que nous allons avoir du mal à trouver un endroit pour dormir. On parle à des tas de gens, mais on sent que la traditionnelle hospitalité musulmane ne fonctionnera pas.

Le soir arrive et nous n'avons toujours rien trouvé. Ça ne m'était jamais arrivé en Afrique! On est crevés et on en a marre. Une idée me vient, on va droit au poste de police qu'on trouve assez facilement. Je demande au flic en chef de nous prêter une cellule pour la nuit. Refus poli. Pour une fois que c'est moi qui demande à être mis en cellule, ils refusent !

Le flic en chef nous propose de nous faire dormir dans une mosquée. Ça me plaît bien. A Michel aussi. Nous n'en avons jamais vu de l'intérieur. Le flic nous amène devant la plus belle de toutes celles qu'on a croisées. Il discute quelques instants avec un vieux qui égrène son chapelert. Il est d'accord et nous fait signe de patienter. Ce que nous faisons.

Plus tard nous apprendrons qu'il s'agit de la mosquée El Azhar, le siège des Frères Musulmans.

Mosquée El Azhar, à l'époque il n'y avait pas de voitures devant, ni de grille.

À ce moment-là, il n'y avait pas d'Islamistes sanguinaires, mais les Frères Musulmans. Ils n'étaient pas vraiment ouverts, carrément obtus même, selon certains, mais des bons musulmans. Ils avaient un rôle social, comme je l'avais vu en Algérie. Je vais quand même leur demander si nous pouvons aller nous installer. J'en choisis un qui a une belle barbe, des fois que la solidarité entre barbus fonctionne. Il est d'accord, mais me dit d'attendre encore un peu. Nous avons de la patience. Et nous attendons de l'autre côté de la place, face aux vieux assis devant la mosquée. Je fais plusieurs demandes, à chaque fois, ils nous disent d'attendre.

Au bout de deux heures, on a compris[1]. On ramasse nos affaires et on s'en va. Direction Alexandrie. C'est la route la plus logique pour rejoindre les Indes.

Aïe ! Qu'avions-nous fait-là ? Nous cherchons seulement à sortir de la ville, mais la population n'est pas d'accord. Ils nous prennent pour des espions israéliens. Nous voilà bloqués par une dizaine de gus surexcités qui demandent à voir nos passeports. Heureusement dans chaque groupe, il y a un type plus calme et qui a un ascendant sur les autres. Il envoie quelqu'un chercher un flic en uniforme qui consulte les passeports et dit aux énervés de se calmer et de rentrer chez eux. Ça nous arrive cinq fois en deux heures. Pénible, mais, bon, on s'en sort quand-même. Nous finissons par arriver sur la route d'Alexandrie.

Alexandrie. Raccommodeur de filets.

---

1 Ou pas, il suffisait peut-être d'attendre encore un peu plus.

Quel changement ! C'est une grande ville au bord de la mer. On y voit des pêcheurs qui reprisent les filets. Pas de misère apparente. Pas de surpopulation. Un air frais et agréable souffle tranquillement de la mer. On trouve tout de suite un endroit où dormir. C'est dans une école catholique en vacances, on est sur l'estrade devant le tableau noir dans la poussière de craie. Ce n'est pas franchement confortable, mais nous ne sommes pas difficiles.

Là, on nous annonce que la frontière avec Israël est fermée. Dommage, je serais bien allé faire un tour dans un kibboutz. Nous voilà coincés. Comme on ne peut pas retourner en Libye, à cause de la pauvreté des commerçants égyptiens, il ne nous reste que la direction du Soudan avec la possibilité de passer par Port-Soudan et d'aller au Yémen.

Ça ne nous enchante pas beaucoup. Mais, on n'a pas le choix. Dans la journée nous faisons le tour des commerçants avec notre papier miracle. On est très loin d'égaler nos recettes libyennes. Les gens ne sont pas indifférents, loin de là, mais on voit bien qu'ils sont fauchés. On trouve un gargotier qui nous offre un pain local, c'est-à-dire sans levure, qu'on ouvre et dans lequel il enfourne des fèves avec une sauce rouge. Un délice. Ça s'appelle le foul. Il nous dit de venir tous les jours, et si on veut on peut prendre autre chose. Nous acceptons avec plaisir, mais nous nous contentons de cet excellent foul.

Un des premiers jours, nous rentrons vers la fin de l'après-midi. Nous passons à côté d'une librairie. Devant sa boutique un individu extrêmement souriant nous salue et nous invite à nous asseoir sur les chaises à côté de lui. Sur le trottoir, il a installé un support de jarres en terre cuite, sur trois étages, pleines d'eau fraîche. Il salue tout le monde et invite les passants à boire un peu d'eau. Nous les regardons tranquillement refuser ou accepter.

Il nous dit un truc en arabe qu'on ne comprend pas tout à fait. Juste le mot haschich. Nous répondons oui avec le sourire. Il se lève et ouvre la porte d'une petite allée privée qui doit aller à son jardin, derrière nos chaises. Sur une petite table se trouve une pipe à eau de fabrication artisanale. C'est un gros bocal, avec un large goulot, rempli aux trois-quarts d'eau. Il est fermé par un gros morceau de caoutchouc avec deux trous. Deux tubes en bambou sont logés dedans, un qui va droit dans l'eau et l'autre reste dans l'air. Il découpe avec les dents une lamelle de libanais doré, l'un de ces haschichs mythiques que je n'ai pas encore eu l'occasion de tester. Il la pose au milieu du fourneau rempli d'un tabac pour pipe à eau, l'entoure délicatement de toutes petites braises et on fume donc du shit pur sur un fond de tabac qui n'a pas le temps de brûler.

Ouh ! La claque est très forte, d'autant plus qu'on n'a rien fumé depuis plus d'un mois, au minimum. Nous retournons nous asseoir sur les chaises devant sa boutique. Et nous contemplons avec un grand sourire béat les gens qui passent devant nous. Certains boivent un peu d'eau. D'autres refusent poliment. Le libraire ne vend pas un livre. Il s'en fout complètement. Nous aussi. Un de ses amis arrive, on retourne tous les quatre dans la petite allée. Là c'est son copain qui sort son shit. Encore du libanais doré ! Nous retournons tous les quatre nous asseoir et contempler, en souriant, les gens qui passent. Un bonheur tout simple.
Durant tout notre séjour le même scénario se déroule de la même manière tous les jours à la même heure.

Ce n'est pas le même modèle, mis le même principe.

Un jour, en faisant notre tour des boutiques, une bande gosses se met à nous suivre. Ils nous demandent avec insistance " what is your name ? ".

Michel à l'idée de génie de leur répondre : " David et Isaac " ! Et voilà les gosses qui nous prennent pour des espions israéliens, ils commencent à nous jeter des pierres. Nous sommes obligés de nous réfugier dans une boutique où les " grands frères " réussissent à chasser les gosses à coups de seaux d'eau.

Mais au bout d'un mois environ, il faut bien se décider. Nous ne sommes pas là pour voir passer les Égyptiens. Nous allons faire nos adieux à notre copain libraire. Surprise ! il nous offre une réplique exacte de sa pipe à eau, et ils se sont cotisés, son copain et lui pour nous offrir un joli bout de libanais doré. C'est tout juste si nous n'avons pas la larme à l'œil. Eux, sont dans le même état que nous. La gorge nouée.

Le papier magique des étudiants de Benghazi montre ses limites en pays pauvre. Mais nous arrivons quand-même à avoir assez d'argent pour partir jusqu'à Assouan en train.

Qui a déjà voyagé dans un train égyptien ? Ceux qui l'ont fait, en troisième classe, en ont peut-être gardé un bon souvenir. Mais pas moi. Ni Michel non plus. Il y a beaucoup de monde avec des chèvres, des moutons et des poules. Pendant les arrêts dans les gares, on est envahi par les marchands de tout ce qu'on peut boire ou manger à pas cher.

En quittant Le Caire on aperçoit au loin une pyramide et le Sphinx. Ça ne nous est pas venu à l'esprit d'aller les voir de près. En réalité, on s'en fout complètement. On n'est pas en Égypte pour faire du tourisme, c'est simplement notre route.

Ce train ne va pas vite, et pour dormir, on s'allonge carrément sous les banquettes, parmi les graines de pistaches crachées par les voyageurs. C'est très sale, mais on se lavera à Assouan. Si le train y arrive un jour.

Finalement, nous découvrons Assouan. Là où se trouve l'équivalent d'une bombe atomique : le barrage inauguré par Nikita Khrouchtchev et Gamal Abdel Nasser. Il suffit de le faire péter, et toute l'Égypte se retrouve dans la Méditerranée. Ce qu'on aperçoit n'est pas engageant. Le bled est tout jaune et plein de poussière. C'est plutôt décourageant. Par chance nous découvrons qu'il y a des hôtels pour ceux qui en ont les moyens. Donc, pas nous. Par contre ils sont entourés de belles et confortables pelouses vertes avec des petits bosquets qui apportent un abri contre d'éventuels regards curieux. Il y a un robinet, pas loin. On y va et on se lave à grande eau. On lave nos fringues, on les étale à côté de nous. Il fait si chaud qu'elles sécheront dans la nuit. Et le grand moment arrive : nous allons inaugurer la pipe à eau de notre copain libraire d'Alexandrie.

Assouan s'est modernisée.

Ouh ! Il est toujours aussi efficace ce libanais doré. Une fois la pipe lavée et nettoyée, nous la camouflons sous nos fringues qui sèchent. Et nous nous allongeons sur ce gazon épais et regardons les étoiles.

Et je repars de mon côté à essayer de fusionner, comme j'appelle cette expérience. Je n'y arrive pas, mais j'ai un très grand bonheur au cœur. Cet instant est presque magique. Nous n'avons aucun souci. Nous apprécions ce moment.

Demain ce sera une autre paire de manches. Il nous reste un peu de fric, de quoi prendre le steamer pour remonter le Nil, derrière le barrage, mais plus rien pour manger.

Le steamer ressemble à une grande péniche métallique où à la place de marchandises, les passagers sont parqués dans la cale. Je jette un coup d'œil et je recule immédiatement. Pas question de rejoindre tous ces malheureux entassés dans ce four. Il doit faire cinquante degrés au minimum. Le pont est vide, car il n'y a aucun dispositif de sécurité. Il y a juste deux cheminées d'aération qui se font face. Deux mats, en cas de panne de moteurs, sont allongés sur elles. Michel me jette un coup d'œil. On se comprend immédiatement. J'installe ma couverture sur les mats et Michel mets son duvet en dessous. Ça nous fait une tente, ouverte sur un côté, qui nous met à l'abri du soleil et nous admirons le désert jaune et sec qui borde le Nil. Bien entendu nous consacrons notre temps à la pipe à eau. Plus tard nous saurons que nous avons remonté le lac créé par le barrage, et non pas le Nil lui-même. On ne le savait pas, mais on s'en doutait quand-même un peu. Le lac Nasser est tout en longueur et doit contenir des tas de trésors d'archéologie noyés bêtement.

Le soir, les gens sortent du four et viennent prendre un peu de fraîcheur. Parmi ceux-ci, des Arabes assez bronzés et beaucoup de Noirs. Ce sont les premiers que nous rencontrons. Ils ont l'air apeurés et soumis. Ça laisse une drôle d'impression.

La première nuit, nous dormons exactement sous le temple d'Abou Simbel. Il ne nous vient pas à l'esprit d'aller le visiter, ce qui, de toute façon, aurait été impossible à partir du lac, surtout à cette heure-là. Nous passons une nuit délicieuse, comme d'habitude, sous les étoiles.

Abou Simbel

Michel s'est débrouillé pour nous trouver à manger. C'est à base de riz. On ne sait pas exactement ce que c'est. Ce n'est pas de notre goût mais, nous n'avons pas le choix. Nous passons une deuxième et une troisième journée dans notre petite tente enfumée avec vue sur le désert jaune. Et puis, on finit quand-même par arrivée à la frontière soudanaise : à Wadi-Halfa.

C'est un tout petit bled, complètement ensablé, avec une gare. Les formalités douanières, ne traînent pas avec nous. Toujours pour la même raison.

Wadi Halfa années 70

On ne fait pas les touristes émerveillés, nous cherchons la route pour, peut-être, Port-Soudan où on espère trouver un bateau qui nous amènera en Inde.

Petit problème, il n'y en a pas. Pas de route du tout, pas de piste, pas de camions, rien. Il n'y a que le train et il est payant. Quelques Américains barbus avec sac à dos sortent du steamer. Ils étaient en bas, dans le four, avec les autres passagers. On leur demande un peu de fric, mais ils refusent tout net. Alors on décide de " brûler le dur " comme disaient nos parents. On grimpe dans un wagon à bestiaux, vide, qui repart vers le sud. Et là : galère. Les suspensions sont mortes. On est obligés de se tenir sur la pointe des pieds pour amortir les chocs. On plaint les vaches qui, elles, ne pouvaient pas le faire.

On finit par se faire prendre par les flics d'un tout petit bled. On était sortis de notre wagon pour chercher de l'eau. Ils nous prennent notre passeport et nous disent qu'on doit payer une amende. On lui montre notre papier coranique. Mais ça ne suffit pas. Nous partons dans le bled chercher des boutiques, mais il n'y en a pas. Alors on va sur le marché et on récolte quelques pièces, quasiment rien. Ça suffit aux flics et ils nous laissent partir. Ça devait être une question de principe.

Pyramides Meroe

7 ans sur la route

Du Soudan au Tchad

Port-Soudan ! Ou presque : on est sur la route. Bon, problème, il n'y a pas de piste. Seulement des traces de pneus qui partent dans toutes les directions. On attend deux jours, pas loin d'un arbuste desséché. Personne ne passe. Nous retournons le deuxième soir au bled qui est le départ de cette piste invisible.

Nous faisons le tour des camions qui sont censés aller à Port-Soudan. Les chauffeurs bivouaquent. Et là, ça marche !

Le Sahara algérien est une promenade de fraîcheur à côté de ce coin de désert. Le soleil cogne vraiment. Je ne regrette pas d'avoir acheté un deuxième chèche — turban. Ici, il n'y a pas de Touaregs, mais des tribus plutôt bizarres. Ils portent un peigne en bois dans les cheveux. Ils n'ont pas les traits négroïdes mais sont quand même bien noirs. Ils ont des vaches, ou zébus, squelettiques qui cherchent de quoi manger sur ce sol aride. Ils ont tous une épée au côté et portent une lance, qu'ils tiennent avec les mains, en travers des épaules. Mais ils sont souriants.

Port-Soudan est une ville du même style qu'Alexandrie en nettement plus petit. Il n'y a pas de misère apparente. Nous nous installons dans le square central, à l'abri, relatif, des curieux, sur un gazon anglais bien épais. Et là, j'ai une pensée pour Henri de Monfreid, dont les livres m'avaient tant plu quand j'étais un adolescent.

Nous décidons d'aller voir la police du port pour nous indiquer quand il y aura un bateau pour le Yémen. On est reçu par un flic, sympa, sauf qu'il a supprimé Israël au couteau sur sa grande carte du Moyen-Orient. Je suis un peu soufflé, parce que je pensais pas que c'était officiel à ce point.

Nous allons faire un tour sur le port. Il y a là un navire qui doit être français, d'après le pavillon qui pendouille au bout de son mât. Nous nous concertons par un regard et nous grimpons.

L'équipage est breton. Ils ont tous un accent prononcé des environs de Douarnenez, Brest ou Paimpol.
Nous sommes accueillis avec joie et quand je leur dit que je suis Breton, C'est le délire. " Un hippy breton ! " crient-ils.

Ils me sortent la Une de Ouest-France annonçant que Rennes a gagné une coupe ou un championnat de football. Tout de suite, nous demandons où va le navire. Il va à Djibouti. Ce n'est pas vraiment notre route, mais c'est aussi un port. Les marins en sont désolés et nous disent aussi que le patron, un Français, ne prend pas de passagers.

Il y en a un qui fonce voir le commandant. Mais non. Il a des ordres stricts. C'est non. Point !

Ils sont déçus. Nettement plus que nous, parce que nous avons l'habitude. Pour se faire pardonner ils sortent bouteilles et verres. Une coutume bretonne.

Trou noir. Je me réveille sur le pont dans un rouleau de cordes. Michel dort encore, la tête sur des cordes, lui aussi.
Ça faisait longtemps qu'on n'avait pas bu d'alcool. L'équipage nous dit au revoir, et nous redescendons comme nous le pouvons.

Nous allons rester encore quelques jours, et, si nous ne trouvons pas de bateau, nous essayerons d'aller à Khartoum. Le libanais doré est fini. On ne va pas trouver à en acheter par ici. Il y en a sans doute, mais on ne sait pas à qui s'adresser. Et comme nous n'avons pas d'argent, le problème est réglé.

En attendant un miraculeux navire, nous refaisons le tour des commerçants avec nos papiers faits par les étudiants de Benghazi. Ça marche moyennement. Très moyennement.

Et puis, un matin, la population de Port-Soudan se groupe par dizaines autour de postes de radio qui diffusent de la musique militaire. Ça me rappelle les puces à Saint-Ouen, quand j'ai acheté mon sac à dos et mon sac de couchage. Les gens sont nerveux et angoissés. Un jeune nous explique en anglais international — c'est-à-dire celui que tout le monde parle et comprend, sauf les anglophones de naissance — qu'il y a un coup d'État en ce moment à Khartoum.

Le président Nimeiry, dictateur plus exactement, a réussi à sortir par la fenêtre de son bureau. Et il contre-attaque avec sa garde présidentielle.
Le soir, un cortège se forme. D'après leur dégaine, les manifestants sont des fonctionnaires. Ils sont tous habillés à l'occidentale. Ils soutiennent le coup d'État. Mais ce n'est pas le débordement de joie. Je me joins à la ma

Gaafar el Nimeiry

nif, dans ma gandoura et nous faisons trois fois le tour de notre square. Après, ils prennent une autre direction, j'arrête là et je rejoins Michel.
Le lendemain, silence. A part la musique militaire qui sort des postes de radio. En fin d'après-midi, une énorme clameur arrive des quartiers pauvres. Ce sont des gosses qui courent jusqu'au front de mer. Chacun porte une petite brindille avec deux ou trois feuilles. Ils chantent quelque chose comme " Nimeiry ya, nam Nimeiry ya " Le coup d'État a foiré. Les sourires reviennent. Les infos ont remplacé la musique militaire.

Cela dit, on ne se sent pas vraiment concernés. Nous restons à glander dans le petit parc. Nous ne sommes pas pressés.

Au bout d'une semaine, nous avons envie d'aller au cinéma. Ça ne nous était jamais arrivé. Mais là, c'est spécial. Ils passent " la Grande Vadrouille ". De Funès et Bourvil se sont doublés eux-mêmes en anglais. Au bas de l'écran, une traduction en arabe défile de droite à gauche.

2/22. *The Coliseum Cinema, Khartoum, in the year of its opening, 1935.* "Now playing" were "Les Miserables", "It Happened One Night", and "Peter Ibbetson". Owing to the climate, this was an open-air cinema. Patrons passed through the façade to walled, roofless seating. (Ref. A69/36. Collection: E.G. Sarsfield-Hall. Photographer: Karakashian.)

C'est dans ce cinéma que nous avons vu le film.

Mais avant que le film commence, on a droit aux actualités en provenance de Khartoum. C'est une vraie boucherie. La caméra s'attarde sur les re-

belles tués lors de l'assaut. Ce n'est vraiment pas beau à voir. Le président Nimeiry semble rancunier.
Nous décidons de partir vers Khartoum, et de traverser l'Afrique pour tenter notre chance sur la côte Ouest.

La route est complètement défoncée. Mais, on finit par arriver à Khartoum. Mais on n'en est pas sûr. Il semble que cette ville ait deux noms : Khartoum et Oum Dourman. En fait, Oum Dourman semble être l'ancien nom de Khartoum.

Nous prenons un taxi. Le premier taxi de ma vie. Et Michel dit " Bongo ! " au chauffeur qui hésite une seconde et démarre. En dialecte arabe de la capitale cela signifie " cannabis ". C'est le seul mot que nous connaissons. Il nous dépose dans une cour où sont garées une dizaine de voitures et de vélos. Une petite case en pisé a une minuscule fenêtre ouverte sur la cour. Une quinzaine de personnes attendent sagement leur tour en faisant la queue. Quand vient le nôtre, il refuse de nous servir. On essaye de lui expliquer en anglais international. Rien à faire. Alors, un jeune gars vient à notre secours. Il explique au commerçant plein de choses qu'on ne comprend pas. À la fin, il revient avec une grosse boule d'herbe pleine de résine. Il nous l'offre. On veut payer, mais non, c'est un cadeau de bienvenue car il nous héberge chez lui.

Nous acceptons et nous allons avec lui, dans sa concession familiale. L'accueil n'est pas franchement affectueux, mais ce sont de bons musulmans et appliquent les règles de l'hospitalité. Le jeune nous dit s'appeler Abdel Ithnan, c'est-à-dire : fils de- numéro Deux. Devant notre air ahuri il nous explique que tous les fils de la maison s'appellent Abdel et ils ont un numéro en fonction de leur arrivée dans ce monde. Son frère aîné s'appelle Abdel Wahad, c'est-à-dire : fils de - numéro Un.

Justement, il vient de rentrer, en voiture presque neuve. Il bosse à la télévision d'Etat. Il est un peu déprimé et préfère nous parler un autre jour. Bon, on s'en fout finalement de tous des Abdel. L'herbe nous propulse dans les étoiles. Nous dormons dans la cour de la concession sur des lits en cordes tressées sur un cadre de bois avec pieds.

Le lendemain, nous continuons notre recherche de sous avec le papier en arabe. Il commence à ne plus ressembler à grand-chose, mais on gagne un peu quand même.

Mais ce qui nous frappe ce sont des affiches en couleur montrant le Président miraculé. On ne comprend évidemment rien à ce qui est écrit. En arabe, je ne sais lire qu'Allah. Un passant nous explique dans un anglais impeccable que des élections libres et démocratiques vont se tenir. Quand je lui demande pourquoi, il me répond que c'est le moment pour le président de tester sa popularité.

Quelques jours plus tard Abdel Ithnan nous explique les règles de fonctionnement d'un bureau de vote. Il y a deux urnes : une grande avec le portrait en couleur du président en grand uniforme, et une petite noire avec un grand registre noir lui aussi. Il sert à noter les noms et adresses des votants dans cette urne. Il y a aussi deux types de bulletins : un bien imprimé en couleur au nom du président et un autre vierge. Bien sûr il n'y a pas d'autres candidats.

Abdel Ithnan vote pour le président. Il nous explique que ceux qui votent contre Nimeiry auront des ennuis. Nous n'en doutons pas.

Le dépouillement à lieu le soir même. Il gagne haut la main avec un score de 98,78 %. Abdel Wahad nous explique, une fois rentré du boulot que les rares intellectuels ou militants qui ont voté dans l'urne noire, viennent d'être arrêtés. Il est sympa, mais sensible. Il frissonne à l'idée de retourner au boulot le lendemain. Il nous salue et va se coucher.

On le revoit quelques jours plus tard. Il est écœuré. Tous les jours il assiste à trente exécutions capitales. Ceux qui ont voté contre Nimeiry sont fusillés après avoir été copieusement torturés. Les exécutions se font une par une. En présence, et pour le plus grand plaisir, du dictateur.

Nous décidons de repartir. Mais vers où ? Ni le nord, d'où on est venu, ni sur la côte Est pour rejoindre Djibouti, où il faudrait passer par l'Érythrée en guerre, encore moins au sud où la guerre civile fait rage. Il nous reste l'Ouest. Si on peut arriver à trouver un bateau au Nigeria pour contourner l'Afrique, et qui sait, une remontée vers l'Inde ?

Nous n'y croyons plus vraiment. Mais il faut avancer. Il était temps, les parents d'Abdel Ithnan trouvent qu'on s'incruste un peu, et malgré, ou suivant, les règles de l'hospitalité, ils nous foutent dehors. Plus exactement, nous trouvons nos affaires, soigneusement rangées, à côté de la porte de la concession. Côté extérieur. C'est clair, et ça évite les adieux déchirants.

Nous décidons de nous diriger vers le Tchad. Nous prenons le train sans ticket en direction d'El Fasher capitale du Darfour.
Pour échapper à la chaleur, nous montons sur le toit du train comme le font des dizaines de passagers. Ce qu'on n'avait pas remarqué, c'est que nous trouvons à la saison des pluies. Des trombes d'eau nous tombent dessus. Nous nous protégeons du mieux que nous le pouvons. Ça ne dure pas et le soleil revient. Et là, le désert jaune, devient vert. Tout plein de petites fleurs vertes et blanches égayent le nouveau paysage. C'est impressionnant.

On est bien mieux sur le toit, sauf quand il pleut.

Du train, nous passons aux camions et lors d'un arrêt, des villageois viennent nous offrir, à Michel et moi, un plat réservé aux hôtes de marque. Est-que c'est parce qu'on est étrangers ou parce qu'on est blancs ? En tout cas, leur plat ne nous enchante pas. C'est du foie de veau – ou de mouton, je ne sais pas – cru avec des rondelles d'oignons crus, eux aussi. Il faut qu'ils insistent lourdement pour que nous avalions, sans le mâcher, un bout de foie entre plein de morceaux d'oignons. J'ai bien conscience que nous ne nous comportons pas comme il le faudrait, mais du foie cru…

Finalement, nous arrivons à El Fasher. On ne peut pas dire que c'est une grande ville. En fait, il y a deux parties : la première, en haut d'une longue côte extrêmement raide, c'est la ville arabe et vaguement moderne. En bas de la côte, c'est un immense bidonville où s'entassent des Noirs dans une misère épouvantable. Les seuls à faire la navette, ce sont les gosses, noirs, qui approvisionnent en eau potable la ville arabe qui n'a pas d'eau courante. Les gosses ont un joug sur les épaules qui supporte deux bidons de vingt litres. Les Arabes leur donnent une pièce ridicule en regard des efforts effectués.

Nous demandons qui sont ces gens à un commerçant sympa qui vient de nous inviter à boire un thé. Il nous répond " they are just slaves ". Il le dit avec un mépris qui nous choque vraiment.

J'envisage un moment de descendre la côte pour aller les voir. Mais sa raideur me coupe l'envie. J'aurais beaucoup de mal à la remonter. Et puis la sagesse, appelons ce sentiment comme ça, me dit de ne pas aller chercher des emmerdements.

En circulant dans la ville arabe, nous rencontrons un curé sympathique, français ou italien, je ne me souviens plus. Il nous invite à dormir le temps qu'on veut, près de son église, dans un jardin protégé par un grand mur. Juste de l'autre côté, à l'est, une mosquée dotée d'un haut-parleur nous fait sursauter. Le curé se marre. Puis il nous rassure. L'appel à la prière n'a lieu que cinq fois par jour. Je lui demande ce qu'il pense de ce racisme à l'égard des Noirs du bas de la côte. Il a du mal à dire ce qu'il a sur le cœur. Ils sont animistes et ont une peur bleue des Arabes. Avant, ceux-ci les vendaient comme esclaves à des tribus du désert, qui elles-mêmes le revendaient à des Blancs ou à d'autres Arabes. Il va les voir de temps-en-temps. Mais c'est très mal vu, par les Arabes et par les Noirs aussi.

Après quelques jours, nous sommes bien installés à El Fasher. Nous avons trouvé un restaurateur comme à Alexandrie qui, de lui-même, propose de nous nourrir tous les jours gratuitement. Si on ne savait rien de l'existence des Noirs d'en bas de la côte, et si on aimait être réveillé en pleine nuit par un haut-parleur, qui devrait s'appeler haut-hurleur, El Fasher serait un endroit très sympa.

En faisant notre tour des boutiques avec notre papier coranique, on tombe sur un photographe. Il n'a encore rien gagné de la journée, alors il nous propose de faire une photo.

El Fasher, Soudan, 1971

J'envoie le négatif à mes parents quelques jours plus tard. C'est la seule photo que j'ai eue de cette époque.

Au bout d'un mois environ, nous décidons de partir. C'est la saison des pluies. On reprend la piste au sommet d'un camion à bout de souffle, ce qui nous arrivera très souvent. Les transporteurs ne tiennent pas compte des consignes de chargement. Les passagers sont juchés en haut d'un amas de choses diverses transportables. Nous allons vers le Tchad. On va trouver des francophones, ça nous changera. Et puis les anciennes colonies françaises, doivent avoir gardé quelques bons principes de l'hexagone.
C'est exactement ça : La frontière est fermée alors qu'on est en plein jour ! Ce n'est pas l'heure, nous dit un gigantesque parachutiste tchadien, le PM à l'épaule. Il précise qu'il n'aime pas les " blousons noirs ".

Ça commence bien !

7 ans sur la route

Tchad et Centrafrique

Le lendemain matin, la frontière s'ouvre. L'imposant parachutiste n'est pas là. Un Blanc en civil nous fait signe de le rejoindre. À voix basse, il nous dit que la route est coupée à Abéché, à cause des rebelles. Nous le remercions, mais nous continuons quand même vers l'intérieur du Tchad.

Abéché est la première ville en venant de l'est. Un camion nous dépose à l'entrée. Alors que nous prenons nos affaires, une Jeep, ou assimilée, s'arrête devant nous. Deux soldats blancs en descendent. Deux Noirs restent assis devant. Ils nous expliquent que la route est coupée par les rebelles, et qu'ils nous amèneront en avion à Fort-Lamy, qui ne s'appelait pas encore N'Djamena. Ils nous désignent un bâtiment en ciment inutilisé, bien isolé, et nous expliquent que nous devons rester là et qu'ils vont s'occuper de nous. Ils nous demandent nos passeports et leurs yeux leur sortent de la tête. C'est le visa libyen qui fait son effet. Ils s'en vont en nous reprécisant qu'on ne doit pas s'éloigner de cette bâtisse.

Il fait chaud, mais c'est très supportable. Le problème, c'est qu'il faut attendre cinq jours avant que les militaires nous offrent le voyage en avion pour rejoindre Fort-Lamy. En attendant, il nous reste un peu d'herbe et on passe le temps tranquillement à l'ombre. Les militaires français – qui sont chez eux au Tchad – nous apportent à manger. C'est bon et ça nous va. Le soir, on est envahis par des éphémères qui viennent se suicider sur la lampe-tempête du bâtiment.

Je l'ai su plus tard, les militaires s'étaient renseignés partout, notamment auprès de la gendarmerie de Saint-Brieuc. Il faut dire qu'à l'époque, tout individu ayant passé quelques semaines en Libye était forcément un terroriste international.

L'avion est très loin d'un 707. On s'assoit sur le siège des paras. C'est un vieux coucou et nous espérons qu'il va arriver en entier. On n'a pas vraiment pris au sérieux cette histoire de rebelles. Dans tous les pays que nous avons traversés, les seuls occidentaux que nous avons rencontrés et chez qui nous avons séjourné, c'était en Libye à Benghazi. Jamais la conversation n'est venue sur un éventuel conflit armé. Les deux factions ont dû se déclarer la guerre quand on était en Égypte ou au Soudan.

Il fait nuit quand nous arrivons à Fort-Lamy. On cherche un endroit un peu à l'écart pour dormir. Un square à la pelouse jaune nous tend les bras.

1950. Quand N'Djamena s'appelait encore Fort-Lamy

Le lendemain, nous rencontrons un Américain barbu. C'est un membre du " Peace Corps. " C'était une idée de Kennedy. Ces volontaires s'occupent surtout des puits et des pompes. Ça s'ensable tout le temps. Il nous invite chez lui. Il vit là avec un autre très chevelu. On s'est réapprovisionné en herbe – il faut préciser qu'en Afrique noire on en trouve partout et ça ne coûte quasiment rien. On passe notre temps à fumer. Eux aussi. Ils sont à moitié hippies. Sans doute très branchés religion. Mais on n'aborde pas cette discussion.

Au bout de quelques semaines, nous entrons dans Fort-Archambaud. Depuis, la capitale du sud s'appelle Sarh. Nous trouvons d'autres " Peace Corps ". Ils vivent en communauté dans une grande maison d'un quartier sympa avec de grands arbres qui changent du jaune sec du reste de la ville. Ils emploient plusieurs boys. On est plutôt bien reçu, l'herbe que nous avons achetée à Fort-Lamy, aussi.

Le lendemain matin, on se balade en ville. Les gosses tchadiens adorent le nom de notre président de la république : Pompidou. Ils trouvent ce nom génial et nous cassent les pieds pour qu'on leur dise qu'on l'aime. Michel en envoie promener plus d'un.

Nos papiers écrits en arabe sont en mauvais états. Donc on décide de faire une exposition des horreurs que j'avais dessinées à Rennes. Il nous faut un trottoir pour le magnifique " aidez-nous à continuer notre voyage " en craies de couleur.

Mais une voiture de police, avec deux flics noirs nous empêche d'aller plus loin. Le sous-préfet nous attend à son bureau. Ah ? Bon, on y va. Ils prennent nos passeports. On grimpe dans la jeep, et roulez jeunesse !

Il nous fait poireauter une demi-heure. Comme nous sommes toujours sous l'effet du joint du matin, ça ne nous dérange pas.

Un employé vient nous ouvrir la porte et s'incline obséquieusement. Le préfet est un type déplaisant. Il a une très haute idée de lui-même. Il est en costume de mariage. Il ne nous invite pas à nous asseoir, mais nous le faisons quand-même. Nous sourions. Nous n'avons rien contre lui, et en principe, il n'a rien contre nous.

Nous devons nous tromper, car il nous prend de haut. Il nous reproche de ne pas mettre en valeur notre fidélité à Georges Pompidou. Michel lui dit qu'il n'en a rien foutre de Pompidou, et moi je lui dis que je ne suis pas concerné en tant que Breton.

Ça le met hors de lui. Il nous montre par la fenêtre des petites cabanes, genre WC au fond du jardin. Elles ont un toit en tôle ondulée. Il nous dit qu'il y a trois Marocains dedans, un par cabane, en train de crever à cause la chaleur. Il n'y a aucune fenêtre. Il éructe et nous menace de nous faire partager leur sort. On n'y croit pas et nous continuons à sourire. Alors, il décide de nous expulser du Tchad. Tuer des Blancs risque d'apporter des emmerdements.

Les soldats africains qui nous escortent sont très sympas, comme le Blanc qui les accompagne et qui doit être leur chef. On est passé prendre nos affaires dans la communauté de " Peace corps " en coup de vent. Je leur dis qu'on se reverra bientôt. Les soldats s'en foutent.

Cette petite balade au sud du Tchad en Jeep est fortement agréable. Arrivé au gros village probablement situé à la frontière, les soldats nous laissent, nous rendent nos passeports et nous souhaite bonne route.

On ne connaît pas grand-chose de la République Centrafricaine sinon qu'elle est dirigée par Jean-Bedel Bokassa. Le célèbre Bokassa. C'est un dictateur que la France soutient. Pas de gaîté de cœur, contrairement aux autres, mais, les intérêts en jeu sont énormes. La base de Bouar, dans l'ouest du pays est le centre névralgique de l'armée française qui domine l'Afrique. De là, tous les pays de la " francophonie " africaine peuvent être atteints très rapidement.

Jean-Bedel Bokassa président et général de division, à gauche, empereur à droite.

Bokassa a remplacé David Dako par un coup d'État la nuit de la Saint-Sylvestre. C'est devenu le jour de la fête nationale. Il était sous-lieutenant dans l'armée française. Il est général de brigade dans l'armée centrafricaine. Il deviendra empereur sous le nom de Bokassa premier.

Il a tout de suite imposé sa " marque ". C'est résumé sur ses affiches de propagande. Elles sont en deux parties. À gauche on voit ses ministres dans des petites photos en noir et blanc. Ils sont tous en train d'écrire avec application sur un cahier d'écolier. Et à droite, un magnifique portrait en couleur de Bokassa en grand uniforme, portant toutes ses décorations, jusqu'au bas de sa veste, et toisant la caméra, l'œil farouche et conquérant.

En s'approchant, on peut découvrir le nom de chaque ministre et son ministère. Rien de palpitant, sinon que Jean-Bedel cumule son poste de président avec tous les ministères stratégiques : premier ministre, chef des armées, ministre de la défense, de l'intérieur, des finances et tout plein d'autres…

Il court plein de légende sur son compte. Son surnom c'est Kourou, ce qui veut dire " s'en fout la mort " d'après ce qu'on nous dit. Il a le droit de cuissage sur les femmes des ministres et vient tout seul la nuit offrir ses hommages à la femme qui lui plaît. Le mari ne peut que laisser faire, sinon son avenir devient plutôt sombre…

Finalement, on atterrit au Kilomètre cinq. C'est le nom du quartier qui se trouve à cinq kilomètres du centre-ville. Il se transformera en boucherie en 2015 entre musulmans et chrétiens. Il n'est pratiquement situé qu'à l'ombre des manguiers. C'est le quartier, théoriquement, mal famé de Bangui. Alcool de manioc : le Tako, l'herbe de première qualité : le M'Bako, jolies et sympathiques "petits bordels" – prostituées, boites de nuit à ciel ouvert. On entend de la musique tous les soirs.

Notre première rencontre, c'est Oscar le Grand. Il parle un français impeccable. Il nous donne les bonnes infos sur les vendeurs d'herbe et d'alcool. Ce n'est pas cher du tout. L'alcool de manioc, n'est pas vraiment bon. Il est même difficilement buvable, mais il cogne dur. L'herbe, par contre est de toute première qualité.

C'est dans ce quartier que vivent les voyous, plutôt sympas, il faut bien le dire. Le matin, ils prennent le bus pour aller au centre-ville, ils font les poches des passagers. Ils rentrent quand ils ont assez pour une bouteille de 33 cl d'alcool de manioc et une banane : c'est le nom donné à la dose d'herbe en raison de sa forme. Ils font un seul gros joint pur en fin d'après-midi et partent en chasse aux " petits bordels " — jeunes filles qui font " boutique mon cul. "

On a rencontré un Sénégalais déraciné qui ne pouvait fumer que dans du papier de " Dakar matin " son quotidien auquel il était abonné.

Un fonctionnaire, assez haut-placé, loue pour nous une case d'une pièce. Il s'appelle Benoît et se plaît en notre compagnie. Il vient de temps en temps le soir avec une bouteille de vin. On parle de tout mais surtout de Bokassa.

Les voyous sont sympas avec nous. Ils ont un seul pantalon au pli parfait qu'ils repassent tous les jours, une seule paire de chaussures luisantes de cirage et une ou deux chemisettes avec une poche de poitrine pour mettre les cigarettes.

Leurs joints sont " mortels ". Vingt centimètres de long ! Chacun d'entre eux fume le sien. Ils boivent une petite bouteille de Tako et le soir, ils doivent boire quelques bières et ramener un joli " petit bordel ". Voilà l'ordinaire des voyous du quartier.

Oscar le Grand, n'est pas de ceux-là. Il est né au Kilomètre cinq. Sa mère vend du Tako et du M'Bako.

Benoît est toujours en costard quand il vient chez nous. C'est un pur. Il ne touche son salaire que de temps en temps, mais refuse toute corruption. Il ne durera pas longtemps. Quelqu'un voudra sa place et acceptera les bakchichs.

On écoute beaucoup la radio à Bangui. Bokassa fait des apparitions imprévues et monopolise le micro. Je l'ai entendu se nommer lui-même Général de corps d'armée. Ça donnait quelque chose comme ça : " Par décret du 8 barre 08 barre 1971- le général de division Jean-Bedel Bokassa est nommé général de corps d'armée à dater de ce jour. Signé, le président de la république, Jean-Bedel Bokassa. "

Michel et moi, nous en rions, mais pas tous les Africains.

Un jour, je discute avec un gars bien embêté. Il joue dans un groupe de musique africaine moderne. Son groupe n'est pas riche mais il est bon. Un jour, il est convoqué avec ses musiciens par Bokassa. Il leur annonce qu'il leur paye un séjour en France pour mieux se former en musique, il leur paye le meilleur matériel possible, mais en échange ils doivent s'appeler " les Petits Bokassa " et ne doivent chanter que des chansons à sa gloire. Inutile de préciser qu'ils ne peuvent pas refuser.

Nous nous plaisons beaucoup au Kilomètre cinq, il a un petit côté paradisiaque. On n'a vu que cet aspect-là, mais on suppose qu'il y en a un autre beaucoup moins sympathique. Oscar, dit le Grand, nous a expliqué comment fonctionne l'impôt au pays de Bokassa. Comme les gens n'ont pas de revenus officiels ou réguliers, ils doivent acheter une vignette tous les ans, et la garder sur eux en cas de contrôle. Ceux qui n'en ont pas sont envoyés dans une plantation de coton présidentielle dans le Nord du pays, loin de tout, à 100 km, environ, du premier village. Il n'y a eu que très peu de retours réussis, dont un que nous rencontrons.

Ce matin-là quelqu'un frappe à notre porte avec une certaine vigueur. Je vais ouvrir encore endormi. Un soldat me regarde, puis s'excuse et referme la porte. Je rouvre, et là je vois l'aspect moins sympa du coin. Le Kilomètre cinq est encerclé par l'armée avec plusieurs camions. Tous ceux qui ne peuvent produire la vignette y sont entassés. Oscar a eu de la chance.

Nous décidons de partir. Nous remercions Benoît et le lendemain nous nous dirigeons vers le Cameroun où nous espérons trouver un bateau à Douala.

Pour changer, c'est une voiture qui nous prend en stop. Une Land-Rover, en très bon état. Le conducteur est un gros Noir qui parle beaucoup. Il nous explique qu'il est ministre d'on ne sait plus quoi. Il nous dit tout le bien qu'il pense de Bokassa, et de sa politique cotonnière. Au bout d'un moment, il s'arrête devant un bar, en pleine campagne et il nous invite à boire une bière. Une Mocaf, la bière locale. En fait, ce n'est pas un bistrot mais un dancing où les couples s'enlacent chaudement sur la piste de danse. Notre chauffeur ne prend pas de gants, va vers un des couples, le sépare et se met à danser avec la femme sous les yeux dépités de son ex-partenaire qui ne dit rien et s'en va.
Il me semble évident que ce dancing, de jour, je précise, est plus un bordel qu'autre chose. Nous décidons de partir. Notre chauffeur nous a oublié et est passionné par sa danseuse. Nous les laissons là, et retournons sur la route, vers le Cameroun.

Hélas, les visas sont limités à dix jours. C'est un peu juste pour trouver un bateau. Donc, on décide de remonter vers le Tchad d'où on essayera d'entrer au Nigeria. A Lagos, il est possible qu'on puisse trouver un navire qui contournerait l'Afrique.

Nous retournons voir les copains américains à Sarh — Fort-Archambaud — en espérant que notre ami le sous-préfet, nous foute la paix.

En cours de route, nous tombons sur un café un peu spécial. C'est un gars qui s'est installé juste avant une rivière, en pleine campagne. Il n'y a pas de maison, pas de table ni de chaise, mais un petit feu à même le sol. Dessus il fait bouillir de l'eau et la verse délicatement dans des petites boules métalliques, dotées d'un long col, dans lequel il ajoute une boulette de paille sèche, pour faire un filtre. Nous apercevons, sur le feu, une petite plaque en métal sur laquelle grillent des grains de café. Il nous explique par geste que ces grains une fois écrasés, sont mis dans les boules à long col avant d'y mettre de l'eau. Il nous donne une tasse à chacun et nous versons le mélange, filtré par la paille dedans. C'est vraiment très bon, et nous nous régalons.

Et puis, nous reprenons notre route, très satisfaits de ce café original.
On entre sans problème par la frontière où on avait été expulsés[1]. Les copains de la communauté de Peace Corps sont plutôt réservés. Mais comme on apporte de la bonne herbe, ça va. Sentant quand même un certain malaise, je demande au copain en chef ce qui se passe. Il m'explique, qu'après notre départ, le sous-préfet l'a convoqué. Il a dit tout plein de mal de nous. La pire offense était d'être entré dans son bureau, une banane à la main. Nous l'aurions épluchée et jeté la peau par terre, sur son tapis. Évidemment c'est complètement faux et nous éclatons de rire. Mais je vois bien que le chef de la communauté, qui en principe n'a pas de chef, croit le sous-préfet et pas nous.

Ces " Peace corps " ne nous plaisent pas, et nous partons le lendemain de bonne heure pour essayer d'entrer au Nigeria.

---
1 Mais qui n'a pas de poste frontière avec flics et douaniers.

Nigéria - Gabon et un peu de prison

Pour entrer au Nigeria, pays gigantesque et déjà cinglé, il nous faut passer par le Cameroun. Là, c'est la même chose que la dernière fois, on nous donne un visa de dix jours. Ça nous suffit pour aller au Nigeria où la corruption généralisée nous empêche de passer. Il faudrait pouvoir graisser la patte à chaque poste d'entrée, mais, bon… On arrive à Maïduguri, qui deviendra le fief de Boko Haram au 21e siècle. Mais on ne peut pas aller plus loin. C'est la première fois que ça m'arrive depuis que j'ai mis les pieds en Afrique. Nous n'avons pas le moindre centime sur nous et les douaniers ne veulent pas nous laisser passer. Donc retour au Tchad en râlant. On repasse par le Cameroun et ses visas de dix jours.

Dans un petit bled, nous achetons cinq " doigts de banane " d'herbe[1]. C'est de l'herbe bien résineuse compactée en forme de grosse banane et enveloppée dans des feuilles de bananier. Ça ne coûte quasiment rien. Avec ça, on a de quoi faire pour un bon moment. C'est Michel qui les transporte.

Un camion nous dépose dans un bled un peu plus grand avec une route goudronnée. Ça change un peu de la piste en latérite qui nous transforme en Peaux-Rouges, au sens littéral du terme. Et puis tout d'un coup, on aperçoit des flics, sur les côtés. On dirait qu'un convoi va passer dans le coin. Nous continuons en marchant au milieu de la route, vu qu'il n'y a aucune circulation. Et là, l'un des flics vient vers nous. Contrôle d'identité. J'ai un petit pincement au cœur en pensant aux " cinq doigts de banane " dans le sac de Michel. Mais non, nous ne sommes pas en France. Il jette un œil à nos passeports et nous salue. Il nous apprend qu'un convoi d'officiels va passer par là et nous souhaite bon voyage.

Nous reprenons la route, mais nous n'avons plus envie de revoir Sarh. On descend donc jusqu'à Garoua et on bifurque vers Bouar en République

---

1   Pour 100 francs CFA, qui correspondent à 15 centimes d'euros.

Centrafricaine. Bizarre, il n'y a pas de circulation. On doit marcher trois jours à pied en ne mangeant que des arachides non grillées et des ananas. Ce régime nous va bien deux jours, mais le troisième, je n'en veux plus.
Un Blanc obèse nous a trouvé sur la route et nous amène chez lui. Il est chef de chantier et s'occupe de maintenir les pistes en bon état. Il y a juste un inconvénient, il ne dispose d'aucun budget.

Au premier coup d'œil on voit que son couple est malade. Il a épousé une superbe Noire qui le méprise ouvertement. La situation est gênante. Elle nous fait des allusions à peine voilées. Lui, fait semblant de ne rien voir. Nous aussi.

Le soir au cours du repas on parle de Bokassa évidemment. Je réalise tout d'un coup qu'elle a dû coucher avec le dictateur. Ce qui aurait généré le mépris qu'elle a pour son mari. Mais je ne sais pas si c'est parce qu'elle est fière de son exploit ou bien qu'elle ne lui pardonne pas de ne pas être intervenu.

Ils nous racontent une visite du président sur un chantier. Comme notre hôte n'a pas les moyens d'embaucher des salariés, il a demandé des prisonniers pour faire le boulot. Les détenus " volontaires " sont enchaînés, ce qui me rappela la chanson de Sam Cooke " Chain gang ".

Bokassa et le gros Blanc sont assis sous un auvent, adossés à un camion citerne vide. Ils boivent tranquillement une bière quand un détenu essaye de s'échapper. Il est immédiatement repris. Le dictateur, qui n'a pas que quelques bières dans le ventre, lui fait la morale. Le prisonnier s'agenouille demandant " pardon papa " — c'est la seule formule que Bokassa apprécie.

Après quelques coups de la canne présidentielle, il est jeté dans la citerne vide mais chauffée à blanc sous le soleil. Il met plusieurs heures à mourir pour la plus grande joie de son bourreau et le plus grand malaise du Blanc.

Le kilomètre cinq a perdu de son animation. La grande rafle a sérieusement dépeuplé le quartier. Oscar le Grand est toujours-là. Il nous amène chez un sage qui vend de l'herbe de première qualité. La nuit vient de tomber dans sa concession. Un poste de radio diffuse de la musique africaine locale. C'est très agréable, même si nous ne comprenons pas un mot. Brutalement la musique s'arrête. Et la voix, fortement éméchée de Bokassa, s'élève en français. C'est à Indira Gandhi qu'est destiné de message. Il l'implore de ne pas attaquer le Pakistan. Il lui dit qu'elle est aussi courageuse que Jeanne d'Arc. Il demande pardon au nom des hommes, il pleure... Et ça dure très, très, très longtemps.

On finit par s'en aller avec Oscar. Il nous raconte une histoire qui pourrait être vraie, au moins en partie. Bokassa se croit le fils du général de Gaulle. Sa mère aurait travaillé dans un hôtel où il était de passage et aurait eu une relation sexuelle qui aurait débouché sur la naissance clandestine du petit Jean-Bedel, qui, pourtant, n'a rien d'un métis.

À l'enterrement du général, il se serait couché sur le cercueil en criant " papa ". On ne sait pas si c'est vrai, mais c'est possible. Il devait être fin-saoul.

On serait bien restés souffler un peu, mais nous sommes toujours sur la route de l'Inde. Alors on va se diriger vers le Gabon. Mais pour ça, il faut encore passer par le Cameroun et ses visas de dix jours.

Quelque part sur la route, nous sommes invités chez un curé missionnaire. C'est un jeune motard, blanc, à cheveux longs. Il a un gros succès auprès de ses jeunes paroissiennes. Il nous invite à manger. Il a des invitées : des bonnes-sœurs, blanches. On tourne au vin de messe. Un vin blanc sucré, pas vraiment agréable. Nous reprenons la route après le repas.

Enfin nous arrivons en haut du Gabon, chez les Fangs. Nous sommes invités à rester quelques jours chez un producteur de café et de cacao. Pour le café qu'il boit, il achète du Nescafé en boite à l'épicerie du village voisin.

Notre hôte est un témoin de Jéhovah. Il a un problème. Il est marié et sa femme veut qu'il prenne une autre épouse, histoire de partager le boulot. Mais c'est interdit dans sa religion. Il nous demande un conseil. Nous sommes bien embêtés. Finalement on lui dit d'écouter sa femme.

L'herbe locale est pleine de résine et nous propulse rapidement dans la béatitude. Michel confectionne un des meilleurs joints qu'il ait jamais faits. Il roule directement l'herbe dans un morceau de feuille de tabac toute fraîche et qui colle parfaitement.

Nous avons un problème avec la nourriture d'Afrique centrale. Nous n'arrivons pas à nous faire à la boule de manioc, avec les feuilles en guise de légumes. Aussi nous demandons à notre hôte de faire nous-mêmes notre cuisine dans la case qu'il a mis à notre disposition. Ce n'est pas très sympa, mais il comprend et demande à sa femme de nous fournir en légumes et en arachides.

Un soir, alors que je viens de couper un tout petit piment, je passe machinalement ma main dans mon jean où la sueur coule, bien que la journée soit déjà finie, et là : brûlure gigantesque je me mets à sauter partout devant notre hôte, sa famille et ses copains, morts de rire. Au bout d'un moment, ça passe. Et là, Michel qui avait repris la cuisine pendant que je sautais partout, s'essuie une goutte de sueur au-dessus de l'œil. Et c'est à son tour de bondir. Mais c'est plus grave, et les Fangs sont obligés de lui mettre de la poudre de charbon de bois dans l'œil. C'est efficace. Ce tout petit piment est le plus fort que j'ai jamais connu.

Racines d'Iboga séchées.

Nous sommes quasiment sur l'équateur. La jungle est dense et la chaleur moite. Il y a des quantités de moucherons, moustiques et autres cochonneries qui se collent à notre peau. C'est très désagréable.

Arrivés dans un bled très ombragé, on se met à la sortie, prêt à lever le pouce. Personne ne passe. Le propriétaire de la dernière maison nous invite à boire un coup. OK, on y va. À côté de la maison, il y a un grand hangar en bois qui a l'air neuf. Il nous dit que c'est là que se pratique le " Bwiti[1] ". On en a déjà entendu parler. Oscar le Grand nous avait expliqué ça, mais nous n'y avons pas cru. Ce sont des gens qui mangent une racine d'Iboga réduite en poudre, sur des rythmes de tam-tams complètement fous. Ils entrent en transe et certains d'entre eux communiquent avec leurs ancêtres. Les officiants portent une chasuble verte avec une croix blanche dans le dos. Bon, maintenant on y croit. Peut-être pas le contact avec les ancêtres mais une transe hallucinogène, oui. Comme les jeunes occidentaux avec le LSD et les Indiens mexicains avec le peyolt.

En attendant, Michel, le rouleur tous terrains, confectionne un joint. On le fait tourner. Avant qu'il soit fini, notre hôte devient bizarre. Il a le blanc des yeux qui devient rouge vif, et là je sens le danger. Michel l'a vu aussi. Nous prenons nos affaires, lui disons au revoir et nous reprenons la piste à pied et pas vraiment rassurés.

On a du mal à trouver un camion qui veut bien nous embarquer. Ils ne nous croient pas quand on leur dit qu'on n'a pas un sou. Il y a des gosses qui nous prennent pour des moines ou des missionnaires à cause de ma barbe. On en trouve quand même un qui va jusqu'à Libreville.

Libreville, ville qui porte mal son nom.

---

1 Prononcez bouti.

C'est vraiment une grande ville, à la manière européenne. Les regards méprisants des Blancs m'inquiètent un peu. On tombe sur des jeunes français partis en 2 CV. Ils sont chefs de chantiers. Ils n'y connaissent rien mais les Blancs ne veulent pas voir quelqu'un de la même couleur qu'eux faire le travail d'un Noir. Les Blancs doivent " montrer l'exemple ". Donc, plutôt que voir un Blanc faire du ciment, on lui propose un poste de chef quelconque. Ils nous disent qu'ils chercheront pour nous. On est un peu d'accord, mais pas complètement. Nous n'avons absolument pas envie de travailler. Le travail, ce n'est pas trop notre truc. Nous sommes en route pour les Indes, pas pour nous installer. Même si c'est bien payé. Et en plus, la fréquentation des Blancs, donneurs de leçons, ne nous enchante pas du tout.

On ne dit rien, mais on le pense très fort.

Le lendemain matin on va faire une exposition de mes horreurs sur un des trottoirs de Libreville. Aussitôt plusieurs Noirs s'arrêtent et discutent avec nous. Ils nous donnent tous quelques pièces. On parle d'un tas de choses. Je m'absente un moment pour aller acheter quelque chose, et en revenant vers notre coin je passe devant un bureau de poste. Il y a beaucoup de monde à faire la queue devant un guichet, dont une femme blanche d'environ cinquante ans. Elle fait la gueule. Je lui fais un petit signe d'amitié en pensant qu'elle en a marre de faire la queue. Grossière erreur. Elle se tourne vers moi et hurle : "Vous n'avez pas honte, vous devriez montrer l'exemple".

Oh là, danger ! Je la laisse à ses imprécations. Ça sent mauvais, et il va falloir dégager de cette ville.

Quand je reviens là où nous exposons mes affreux dessins, Michel parle toujours avec les jeunes Gabonais mais de temps en temps un Blanc passe, et fait comme si nous n'existons pas. Les Noirs haranguent un couple en leur disant qu'il devrait aider leurs frères, qu'ils sont égoïstes. Michel et moi, nous nous consultons du regard. Il est urgent de tout ramasser et de dégager. Trop tard ! Les flics arrivent et nous embarquent.

Ça a été rapide. Le Gabon est vraiment bien pire que tous les autres pays que nous avons traversés, Michel et moi, et même ceux que j'ai visité tout seul en 1969. Il doit y avoir beaucoup de fric à gagner pour les petits et les gros blancs.

Connards de Blancs ! Je les hais ! Descendants de trafiquants d'esclaves ! Donneurs de leçons ! Ce sont les mêmes qui dénonçaient les juifs pendant l'occupation. Au Gabon, ce sont les rois du pétrole[1], en France ils ne sont rien. Je suis écœuré.

Le commissaire est blanc, logique, et naturalisé Gabonais, logique aussi, il nous fait la morale. Toujours la même chose, les Blancs doivent montrer l'exemple aux Noirs. Il nous expédie directement à la prison de Libreville. Nous sommes inculpés de vagabondage et mendicité. Eh oui !

La cour d'entrée de la prison est une petite merveille. Elle devrait servir d'exemple aux prisons françaises. C'est ce qu'on se dit en y entrant. Par contre, on ne sait pas comment ça se déroule à l'intérieur. Nous sommes accueillis par deux Blancs en uniforme d'on ne sait pas trop quoi. Ils nous accueillent plutôt gentiment. Un " détenu de confiance " noir demande au chef pourquoi nous sommes là. Le Blanc lui répond que c'est parce que nous ne sommes pas arrivés en Mercedes. On a droit au quartier VIP avec les politiciens corrompus. Pourquoi ? Parce qu'on est des Blancs.

Les VIP sont des Noirs plus deux ou trois Blancs. Il y a l'évêque de Libreville, le receveur de la poste et cinq ou six autres, dont un ou deux ministres et deux ou trois secrétaires d'Etat. On ne sait pas de quoi ils sont accusés et on ne cherche pas à le savoir. On s'installe dans une petite cellule collective qui n'est pas occupée. Il n'y a pas de lit, c'est un grand espace de bois où quatre ou cinq personnes peuvent s'allonger. Nous devenons vite copains avec l'évêque. On fait un peu de yoga. Je connais quelques postures que j'avais dégottées dans un manuel. On lit tout ce qu'on peut trouver. Pour moi c'est le Coran. Il ne doit pas être complet parce que c'est un petit bouquin que j'ai dans les mains.
Que c'est répétitif ! Au bout de quelques pages je comprends bien qu'il faut faire la guerre aux infidèles, parce que ça apparaît tout le temps.

Aujourd'hui, c'est une grande réunion avec le commandant — blanc — en chef. Tous les prisonniers sont rangés deux par deux derrière le chef de cellule. Le Blanc en chef nous fait un discours que nous n'écoutons que distraitement. Il parle d'honneur, de fierté, du rachat de ses fautes… Et puis il nous désigne et nous dit d'approcher. On y va en tranquillement. Il y a au moins cent mètres, mais il patiente. Au passage, je vois les Noirs

---

1   Si j'ose dire…..

nous regarder, les yeux exorbités. Et là, je me dis que c'est pratique d'être un Blanc. Un Noir se serait fait massacrer, s'il avait fait la même chose. Une fois arrivés, il sourit gentiment et nous demande si on a le Bac, Michel l'a, donc il le nomme instituteur. Moi je ne l'ai pas, du coup je deviens chef de l'outillage. C'est tout, rompez.

L'un des deux ou trois Blancs des VIP est le chef de l'outillage et va sortir dans quelques jours. Il m'explique le boulot. Le matin, quand les équipes de travail vont défricher hors de la prison, il leur donne à chacun une machette. Il faut les compter, mais pas le soir, quand ils reviennent. Je ne sais pas pourquoi on ne les compterait pas. C'est tout. Rien d'autre à faire.

Un de ceux qui s'occupent de la cuisine a toutes les dents taillées en pointe. D'après les autres il vient d'une tribu cannibale. Mais il n'est pas là pour ça. Il a voulu coucher avec sa belle-sœur. Elle ne voulait pas. Alors il l'a tué et il l'a sautée pendant qu'elle était encore chaude. À part ça, c'est un gars très sympa.

On mange bien, Michel et moi. À notre entrée on nous a demandé si nous suivons un régime. A Marseille j'avais compris l'astuce. Il faut être végétarien. Donc on nous fait des petits plats pour nous. Avec des œufs sur le plat, par exemple. Les autres, sauf les VIP qui peuvent cantiner, mangent du manioc avec un morceau de viande un jour et du poisson le lendemain. Pour tout le monde c'est à midi seulement. Le soir il n'y a rien. Un repas par jour, c'est tout.

Dans mes lectures sur le yoga, j'avais appris comment manger pour être rassasié avec presque rien. C'est tout simple, il suffit de mâcher jusque tout ce que vous avez dans la bouche soit liquide. Donc, Michel et moi sommes devenus de grands mâcheurs.

Le commandant en chef a formé les détenus, noirs, à la discipline de fer qu'il a dû subir étant enfant. Avant d'entrer, les chefs des cellules collectives hurle : " La vie de château ? " La réponse est : " Pourvu que ça dure ! " Ensuite il demande : " Idéal ? " Les autres répondent : " soumission ! ". C'est gai !

Quand de nouveaux détenus noirs arrivent, ils sont systématiquement tabassés par les matons, noirs aussi. Les récalcitrants ont une punition particulière : ils doivent fixer le pavillon gabonais en plein soleil, jusqu'à ce qu'ils tombent.

On apprend aussi que le jour de notre arrivée, Albert-Bernard Bongo, qui ne s'appelait pas encore Omar, a réuni tout le gratin de Libreville pour fêter son troisième milliard On ne sait pas si c'est des francs CFA ou des dollars.

Albert-Bernard Bongo

L'un des VIP noirs nous explique comment fonctionne la corruption. Ça commence en haut de la pyramide, dans les ministères. Dès qu'il y a un nouveau ministre, il reçoit immédiatement des demandes de rendez-vous des commerciaux, blancs, de produits de luxe : Mercedes, piscines, maison neuve à Libreville et une autre en dur dans le village natal. Donc le ministre regarde comment vivent ses collègues. Ils ont tout. Il se dit donc, qu'il n'y a pas de raison que lui n'ait rien. Son salaire est confortable, il peut donc faire un crédit. Mais les commerciaux veulent un peu de liquide pour consolider les commandes. Alors, le ministre regarde dans la caisse noire du ministère. Elle est vide. Son prédécesseur à tout raflé avant de lui laisser la place. Il a honte de ne pas pouvoir faire face et donc il accepte avec un empressement très ministériel toutes sommes d'argent de qui que ce soit. Et il n'a pas à attendre longtemps. Les solliciteurs-corrupteurs se bousculent pour lui donner des sous.

Et la pyramide fait le reste. De l'argent entre de partout, et les fonctionnaires ne sont plus payés, les routes restent en terre et le peuple endure en silence. Et la France continue de régner, offrant son immense humanisme, aux Gabonais qui n'en demandaient pas tant.

Nous sommes convoqués rapidement au tribunal, qui nous colle deux mois ferme. Vous avez deviné, la juge, noire, est l'épouse du commissaire, blanc ! Nous n'avons pas eu droit à un avocat commis d'office. On ne nous l'a même pas proposé.

Et puis, le temps passe. J'en profite pour finir de lire le coran, un des rares livres intéressant de la bibliothèque de la prison, et on finit nos deux mois. Mais, une surprise légèrement désagréable nous attend : en tant qu'étranger, nous sommes enfermés, en attendant d'être rapatriés, dans un cachot collectif sous le commissariat central. Bien entendu, sans jugement, ni quoi que ce soit dans ce genre. Mais, ça nous permet de découvrir les hurlements des Noirs torturés dans les étages. Le pays des droits de l'homme dans toute sa splendeur !

Il y a une dizaine de détenus ayant fini leurs peines qui attendent d'être expulsés vers leur pays d'origine. Certains d'entre eux sont originaires de la Guinée équatoriale. Pour eux, c'est la mort assurée. Il faut dire que leur président, Marcos, est devenu complètement fou. Il a saisi tout l'argent du pays qu'il a entassé dans des cantines métalliques de l'Armée. En échange il distribue des bons à échanger contre de la nourriture, du pétrole pour les lampes et du sel. Le peuple est suspect de tout. Les travaux des champs sont collectifs assurés par les paysans enchaînés, gardés par des militaires non payés. De la folie furieuse.

On leur demande à tous depuis combien de temps ils sont là. Le record c'est un an. Ça ne nous emballe pas.

On nous apporte le repas du jour : une boite de sardines et une baguette de pain toute molle. C'est tout, et c'est comme ça tous les jours. Heureusement un des détenus a bricolé un ouvre-boîte qu'il cache sous son matelas, sinon il aurait fallu être ingénieux pour avoir accès aux sardines. Ou avoir de bonnes dents[1].

Le consul de France vient nous voir et nous demande ce dont nous avons besoin. Nous lui répondons : notre liberté. Nous avons purgé notre peine. Il nous répond que si notre famille paye l'avion pour être rapatriés, ça ne posera pas de problème. Nous refusons son offre. En réalité, les Blancs ne veulent pas nous voir traîner au Gabon.
Au bout d'un moment, on se rend compte qu'on ne sortira pas de là facilement. Donc, nous décidons de faire une grève de la faim, pour notre liberté et celle des autres codétenus qui sont d'accord avec nous.

Gros ramdam dans le commissariat central ! Des blancs en grève de la faim, suivis des autres arbitrairement détenus ! Si ça se sait en Europe, ça pourrait faire mauvais genre.

Mais pour nos camarades codétenus, ne pas manger est la pire chose qu'ils peuvent faire. Leur grève durera une demi-journée. Michel et moi sommes convoqués dans les étages du commissariat.

Nous arrivons devant un jeune inspecteur noir. Nous sourions, comme d'habitude. Il le prend très mal. Il nous accuse d'entraîner les autres prisonniers, de faire pression pour lever une révolte.

Pour une fois qu'il a des Blancs comme détenus, même tout à fait illégalement, il aimerait bien en profiter. On le comprend volontiers, mais on aimerait bien sortir de cette cellule. Tout ça, bien entendu, n'a rien avoir avec notre sourire. Parce que nous sourions toujours. Et ça l'énerve. Finalement il nous fait réintégrer le cachot collectif. Deux heures après, le consul est de retour. Il est tout chamboulé. Il nous fait comprendre que nous avons de la chance d'être blancs. Il s'occupe activement de nous faire retourner à la frontière.

Nous sommes contents, pas uniquement parce que nous allons sortir de cellule, mais d'avoir trouvé le point faible du système juridique de la Françafrique gabonaise : la grève de la faim. Nous l'expliquons bien à nos camarades codétenus. Mais je vois bien qu'ils ne feront pas de zèle. La nourriture, en Afrique, à trop d'importance.

---

1 Pour ouvrir la boite. Les Africains de l'époque adoraient décapsuler leur bière avec les dents, et ouvrir les boites de sardines aussi.

Un mois plus tard, nous sommes libres. Ça aura quand-même été long. Nous arrivons en cours de journée, transportés dans une Land-Rover de la police gabonaise, en vue du poste frontière camerounais. Et oui, encore le Cameroun. Échange protocolaire entre les deux polices. Les Gabonais, raides comme la justice, transmettent nos passeports au seul flic camerounais présent, ils signent plusieurs documents, et s'en vont.

Aussitôt, le flic camerounais éclate de rire, nous rend nos passeports. Il dit tout le mal qu'il pense des Gabonais et nous offre une bière. Chaude. On s'en fout, on la boit quand-même. Et il tamponne nos passeports. Dix jours. Comme d'hab !

On reprend la route à pied. Ras le bol de l'Afrique. Nous admettons que nous nous sommes trompés complètement. Ce n'est pas en visitant le Cameroun ou le Tchad que nous irons à Goa, Bombay ou Bénarès.

Nous nous concertons sur la suite des événements. On s'est complètement trompés. La route des Indes passe par l'Europe. L'itinéraire généralement emprunté est celui-ci : Italie, Grèce, Turquie, Iran, Afghanistan, Pakistan, Inde.

Là, on en a marre de l'Afrique. Nous n'avons rien contre les Noirs, à part ceux qui veulent jouer aux Blancs en crachant sur leurs cultures et leurs familles, mais nous ne voulons plus aller en taule, ni repasser les frontières du Cameroun avec ses visas de 10 jours.

Arrivés au Tchad, ça va nettement mieux, les Blancs sont des militaires qui restent entre eux, ils ne cherchent pas à " monter l'exemple ". On ne sait pas si la guerre continue à l'est du pays.

Nous décidons de contourner le Lac Tchad par l'Est, d'arriver au Niger, de remonter vers Agadez, de traverser le Sahara et de rejoindre la côte algérienne. Michel a envie d'aller au Maroc, moi, je suis usé et fatigué. Un retour en Bretagne me ferait du bien.

Du Cameroun au Maroc

Au Cameroun dans un bled moyen, Michel et moi nous nous faisons arrêtés par les flics. C'est un contrôle d'identité. Ils sont sympas et tout contents de contrôler des Blancs. Le commissariat a une grande cour devant avec une case d'une pièce, juste à l'entrée. Une quinzaine de Noirs, dont une femme jeune et jolie, attendent. Ils tremblent tous de peur. Les flics sympas le sont certainement moins avec leurs compatriotes. Des hurlements de douleur sortent de la petite case, et après une vingtaine de minutes un jeune type en sort, la chemise déchirée dans le dos et trempée de sang. Le flic, une montagne à gueule de brute, qui vient de le torturer apparaît à la porte de la case, un morceau de tuyau d'arrosage vert à la main. Il fait signe à un autre des futurs suppliciés de venir le rejoindre. Celui-ci y va comme s'il allait à la mort. Les cris du flic sont suivis par les hurlements du jeune gars. Au bout d'un quart d'heure, le supplicié sort en larmes et en sang, la brute épaisse fait signe à la femme de le rejoindre. On devine son sort. On entend quelques cris et puis un long silence. Torturée et violée. Il ne fait pas bon d'être une femme entre les mains d'un tortionnaire de quelque couleur qu'il soit.

Nous sommes fatigués de l'Afrique. Les découpages des pays ne correspondent à rien de naturel. Les Blancs sont venus saccager les richesses des Noirs. Les Anglais se sont contentés du pillage, méprisants les autochtones, tandis que leurs collègues français se sont cru obligés de leur inculquer les " valeurs de la France " sans tenir compte des leurs, ce qui a donné un gigantesque et lamentable fiasco. De nos ancêtres les gaulois blonds aux yeux bleus aux " fête-nat " comme prénom pour ceux qui sont nés le 14 juillet, si ce n'avait pas été dramatique pour les peuples africains, ce serait comique.

Nous décidons de remonter au Tchad, contourner le lac du même nom, entrer au Niger et remonter vers Agadez. De là, on se fait une petite traversée de Sahara, sans épopée germano-grecque. Michel n'a pas connu ça, mais en ce qui me concerne, je n'ai pas du tout envie de retomber sur des amateurs.

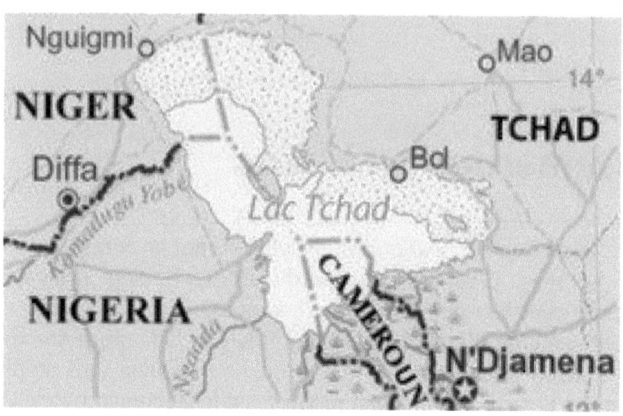

Après un passage rapide à N'Djamena, nous prenons la direction du nord.

Bon, dans le sable il y a une piste mais les traces de pneus vont dans tous les sens. On ne sait pas où est la bonne direction, mais il y a une trace plus nette que les autres. C'est la bonne, supposons-nous. Il n'y a quasiment pas de circulation, mais ce n'est pas ce genre de détail qui va nous faire changer d'avis. De temps en temps un camion nous emmène un peu plus loin, mais ça n'avance pas.

Là, devant nous, une construction en dur. Elle est au bord de la piste. Nous posons nos affaires, au pied de cette bâtisse et montons sur le toit qui fait office de terrasse où il semble y avoir quelqu'un.

C'est un Blanc. Un soldat. Il nous accueille presque en souriant. Nous sommes les bienvenus dans son fortin. Il sert dans l'armée française et il est mis à disposition de celle du Tchad. Il règne sur une troupe de cinq ou six volontaires Tchadiens. Il ne se fait pas d'illusion, si les rebelles du nord soutenus pas la Libye veulent l'attaquer, ses quelques volontaires changeront de camp immédiatement avec leurs armes. Et lui, il montera sur le toit avec une caisse de grenades et essaiera de tenir le plus longtemps possible.

C'est gai ! Il se déride quelques secondes quand je lui dis que je suis breton. Il est originaire de Paimpol[1]. Il aimerait bien retrouver l'air de la mer, mais il ne se fait pas d'illusions. Il nous offre une bière chaude.

---

1 Comme ma mère.

Au bout d'un moment, nous le laissons à son tragique destin, et nous allons vers le nôtre.

Il y a plein de petits bleds le long du lac qui se trouve à quelques kilomètres de la piste. Mais voir le lac ne nous intéresse pas. Je suis de plus en plus désagréable. Michel est nettement plus cool. Je ne supporte plus de traîner dans cette remontée. Je suis parti pour les Indes et je traîne lamentablement dans ce désert. Je reconnais m'être trompé de route. J'ai perdu un temps fou à tourner en rond. Ça m'énerve et je suis franchement de mauvaise humeur. Michel en fait les frais. Qu'il est long ce désert, où même les camions ne se risquent pas. Bon, c'est un peu faux ce que je dis, on en trouve quand même quelques-uns. Mais quelle idée stupide de vouloir contourner le lac Tchad[1] !

Et nous arrivons dans un bled, légèrement différent des autres. Ce sont les habitants qui changent. Ils sont noirs ! Donc, à moins qu'on ait tourné dans le mauvais sens, nous sommes au Niger. C'est une bonne nouvelle ! D'accord, il n'y a pas de poste-frontière mais au Niger, les habitants du sud sont noirs, alors que ceux du Tchad à la même latitude sont des Arabes. Nous sommes accueillis comme des VIP et ils nous proposent le pastis en plein après-midi, alors que le soleil cogne comme une brute épaisse.

En fait, ce n'est pas du pastis, mais de l'eau de Cologne. Une dose pour deux doses d'eau. Ce n'est pas du cinquante et un, mais soixante-dix degrés. Tout le monde est bourré, mais sent bon. C'est infect à boire. Nous faisons donc une sieste à l'ombre d'un manguier pour fêter notre arrivée vers la porte de sortie de l'Afrique noire.

Le lendemain matin, je me réveille et je secoue ma couverture. Et là, un scorpion tombe. Nous avons dormi ensemble !

La route jusque Zinder est longue mais relativement fréquentée. Nous sommes bien contents d'arriver sur la route de l'Afrique du Nord. Comme j'étais déjà passé par là, dans l'autre sens, lors de mon premier voyage, je suis heureux d'être en terrain connu. Nous pouvons bâtir un plan simple mais efficace. Prochaine étape Agadez et ses Touaregs, Tamanrasset en Algérie et Alger. Ensuite, on verra.

---

1 Maintenant, ça doit aller plus vite, le lac s'est considérablement asséché.

Et surtout ne pas s'embarquer avec des occidentaux. Il nous faut un camion algérien qui traverse ce désert de dunes en trois jours.

Mais nous restons quelques jours à Zinder qui ne présente aucun intérêt touristique, en dehors de son marché à viande. Les gosses de deux ou trois ans s'amusent à taquiner les vautours, perchés sur les murs du marché, prêts à foncer sur la viande farcie de merdes de mouches. De quoi rendre végétarien le plus sanguinaire des bouchers. Il manque une musique de Sergio Leone pour l'ambiance.

Nous nous secouons. Plus vite nous auront quitté Zinder, plus vite nous nous rapprocherons de l'Inde, même si la nuance est difficile à observer.

Nous allons donc vers Agadez et faisons bien attention à ne pas monter dans un 4 × 4 d'occidentaux. Il nous faut un camion algérien.

On finit par arriver dans la capitale des Touaregs. Nous nous mettons à la recherche de notre camion transsaharien. Nous en trouvons quelques-uns. Mais nous sommes plutôt frappés par la quantité de véhicule d'occidentaux prêts à affronter le désert. Il y en a quelques-uns qui roulent des mécaniques et se la joue durs de durs, baroudeurs de chez baroudeur. Les Land-Rover s'alignent devant le seul hôtel de la ville pour occidentaux.

Agadez.

Cela dit, avec les camions algériens, nous avons un handicap. Il faut payer. Pas cher, probablement, mais payer quand-même. Nous estimons qu'il faudrait travailler parce que nos papiers coraniques ne sont plus qu'un souvenir et que je n'ai plus d'horreurs à exposer[1]. Et à Agadez, ça n'aurait pas marché du tout. Il n'y a pas un seul trottoir en ciment!

Il faut trouver un job d'une journée ou deux pour payer notre passage. Travailler pour de vrai, dans ce bled ensablé. Le centre-ville n'est pas énorme, mais les concessions s'étendent à perte de vue tout autour. On devrait pouvoir trouver un boulot sans trop de difficultés. A Libreville, nous avons été tondus à l'entrée en prison. Nous avons donc les cheveux raisonnablement courts, et ma barbe n'a pas vraiment encore poussé exagérément. Nous sommes présentables pour travailler. Par-contre, ça ne nous enchante pas. Mais pas du tout ! Bon de toute façon, il va falloir y passer. À moins qu'on trouve une autre solution. Nous décidons, en ce début de soirée, de rencontrer le consul de France et lui demander de nous trouver un boulot quelconque.

Nous le trouvons facilement. Il est avec sa femme et quelques amis dans son jardin à profiter de la température clémente de la soirée. Ils doivent être occupés à prendre l'apéro et probablement à fumer un joint. Dès qu'on arrive par le petit chemin qui mène chez lui, le consul vient vite à notre rencontre, pour nous couper la route. J'imagine sa femme se jeter sur le paquet d'herbe et le planquer sur elle.

Ça nous amuse un peu, mais on fait comme si on n'avait rien détecté. Je lui explique la situation, qu'il nous faut un job, n'importe quoi, même laveur de voiture. Il nous arrête tout de suite. " Venez demain à huit heures, je vais vous trouver un camion qui remonte en Algérie ".

Toujours ce besoin d'image " positive " du Blanc face au Noir : le Blanc ne peut pas faire un travail manuel de base. Même pour un consul fumeur de joints.

Nous nous trouvons un coin assez discret où nous nous couchons. Michel s'engloutit dans sont sac de couchage, et moi dans ma couverture. C'est une couverture de l'Armée très épaisse en qui résiste aux cailloux. Et, là, la grosse surprise déplaisante démarre. Nous sommes envahis par des gros moustiques agressifs qui réussissent à me piquer plus d'une fois à travers

---

[1] Je ne me souviens plus comment je les ai perdues.

la couverure. Des gros moustiques à la porte du désert ! Je me demande d'où ils viennent. Mais je finis par m'endormir quand même.

Le lendemain, nous roulons dans la benne du camion. Il n'a pas un chargement énorme. Il n'y a pas d'autres passagers que nous. Un apprenti, appelé graisseur, est dans la cabine. C'est tout. Le chauffeur fait la gueule. Ça ne lui plaît pas qu'on nous ait imposés. Nous n'avons pas de gourde. Au départ, il nous a désigné un fût plein d'eau. Nous prélevons juste de quoi boire. Aïe, de l'eau chaude ! Je montre à Michel comment se rafraîchir avec une respiration yoguique. On coince le bout de la langue entre ses dents et on respire par la bouche. Quand le soir arrive, l'eau du baril rafraîchit. Et nous récupérons ce que nous avons transpiré.
On le sait, maintenant, ceux qui nous ont toujours conseillé d'attendre le soir pour boire avaient raison. En cours de journée ça ne sert à rien. L'eau se transforme en sueur. C'est gaspiller une ressource rare.

Après la frontière nigérienne, là où le méchoui de gazelle avait brûlé avec un pneu lors de ma première traversée, nous trouvons la piste algérienne fraîchement goudronnée. Nous ne tardons pas à arriver à Tamanrasset. L'Afrique noire est loin. Ouf ! El chemz — le soleil — tape un petit peu moins dur.

Nous remontons tranquillement vers Alger. La température décroît gentiment et nous arrivons sur la côte algérienne rapidement.

Nous nous séparons. Michel, qui a changé d'avis, veut rentrer tout de suite et moi, je veux faire un séjour dans le Rif, où pousse tout le cannabis marocain, avant de retourner chez moi. Notre aventure s'arrête là. Pas d'adieux déchirants. Notre couple battait de l'aile, comme on dit. Je n'ai plus en tête que d'aller en Inde, tout le reste m'indiffère.

Je vais donc à Ketama. C'est la capitale du kif. De là, on m'indique qu'il faut aller à Tleta-Ketama. C'est un petit village entouré de plantations en terrasse. Il ne pousse que du cannabis.

Champ de cannabis dans les environs de Ketama

Rien d'autre. On ne voit que ça. Il y en a partout. Là, je trouve un copain qui a fortement changé pendant ma virée africaine. Quand je l'ai laissé à Diabet, il était pauvre comme moi, et là, il a une Land-Rover quasiment neuve.

Il a une petite mallette, très plate. Il l'ouvre et me montre ses trésors. Des morceaux de haschisch de toute provenance et d'excellente qualité et plusieurs pilules de couleurs différentes. Il confectionne un chillum, me le donne à allumer, ce qui est une marque de politesse.

Ouh ! La claque est sérieuse, il faut dire que je n'ai pas fumé depuis longtemps. Ensuite il sélectionne un de ses petits comprimés, me le met dans la bouche sans me demander mon avis et met son lecteur de cassettes en route. " Acide de qualité number one " me dit-il. Il me colle un supercasque sur les oreilles. Pink Floyd à fond ! Et il démarre sa voiture.

Nous voilà partis sur les petites routes de montagne, à toute vitesse. Bien entendu il n'y a aucune protection, et, on ne survivrait pas en cas d'accident. Les pentes sont raides. On longe les précipices à fond. Son acide est vraiment fort. Il grimpe tout de suite, et moi je me mets à flipper. Ça ne m'était jamais arrivé. Je suis complètement terrorisé. Je m'accroche à la poignée de la portière. Je suis en pleine panique intérieure. Et je sais que ça va durer douze heures ! Il s'arrête. Nous traversons des champs de cannabis plus hauts que moi, il s'invite chez des paysans. Au fond de la maison, des dizaines de gerbes touchent le plafond. Assis en rond, il discute avec eux et essaye de se faire confier un kilo pour en faire un super haschich.

Plants de cannabis en train de sécher.

Je suis assis sur une natte, comme tout le monde. Mais je suis complètement crispé. Je ne veux pas être là, ni dans cet état. Je serre les dents au point que j'ai l'impression qu'elles s'enfoncent dans mes mâchoires. Ensuite, on s'en va voir d'autres paysans. J'essaye de lui dire que je flippe à mort, mais il ne s'intéresse pas à moi. Je ne sais pas si on peut voir que je suis en parfaite panique ou non. De temps en temps les paysans marocains me jettent un coup d'œil bizarre.

Finalement, après quelques heures, je redescends doucement et je me calme. Je décide de ne plus prendre de LSD. Jusque-là c'était extrêmement positif, et là je suis en train de découvrir son côté négatif. C'est un moyen très puissant pour aller loin dans le positif et le très négatif. Avant, je ne prenais mes trips que sous les étoiles, en pleine campagne. Sans le moindre bruit, et c'était parfait. Et là, avalé comme ça, sans préparation, c'est une catastrophe.

En fait, pour que l'expérience se passe bien, il y a trois conditions à réunir. Ces trois conditions sont d'égale importance et indissociables :
1 – avoir l'esprit prêt,
2 – être dans un environnement favorable, sans bruit, sans rien d'artificiel, sans autres personnes non concernée par l'expérience,

3 – avoir une bonne technique, un bon produit[1].
Là, le produit devait être bon, mais pas mes dispositions d'esprit, ni l'environnement. Donc échec, très désagréable.

Il est grand temps de passer aux choses sérieuses. Je traverse l'Espagne rapidement et je rejoins mes parents en vacances sur la Costa Brava et je rentre avec eux en Bretagne.

Ce qui me surprend le plus en arrivant à Saint-Brieuc, ce sont les bombages qu'on voit partout sur les murs : " vive le joint ", " le joint vaincra ", " vive le joint français "… Je n'en reviens pas. Que se passe-t-il ? Quand j'ai quitté Saint-Brieuc je n'avais jamais entendu parler de joints, et maintenant les revendications s'étalent sur les murs.

Bon, en fait ça n'a rien à voir. C'est l'usine du Joint Français, qui fabrique donc des joints de plomberie, qui est en grève. Toute la Bretagne est solidaire.

Je passe quelques mois chez mes parents. Je bosse comme figurant pour un TV-film, dans lequel je joue le rôle d'un aviateur américain abattu par la DCA allemande et qui rejoins l'Angleterre, grâce au réseau Shelburn. J'écris un bouquin dans lequel je raconte mon dernier voyage en Afrique et j'essaye de le faire publier. Ce n'était pas bon et ça n'a intéressé personne. Finalement, je pars en Inde en avion avec un billet aller-retour que mes parents m'offrent[2], alors que je n'ai pas l'intention de revenir. Je ne m'y attendais pas du tout, j'accepte avec plaisir, mais j'y serais allé en stop de toute façon.

---
1 Je découvrirai cette explications environ 50 ans plus tard dans le livre de Rick Strassmann : "DMT, la molécule de l'esprit". Exergue 2017.
2 Alors qu'ils sont vraiment loin d'être riches.

7 ans sur la route

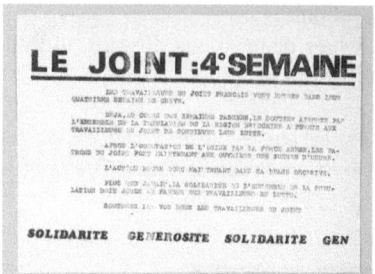

Namaste India

L'avion qui m'emmène à Bombay — Mumbaï, maintenant — n'est pas bondé. C'est un petit jet de Koweït Air-Lines. Il n'est pas vide. C'est un des premiers charters mais ça n'a rien à voir avec les charters ordinaires, d'après ce que j'ai compris. Derrière moi, il y a un grand maigre à cheveux très longs. On change de place pour être côte-à-côte. Il s'appelle Philippe. Il va en Inde deux fois par an et ramène des choses qu'on ne trouve pas en Europe. Non, pas de haschich ni autre stupéfiant, mais des pièces d'archéologie. C'est vrai ou pas, je m'en fous. Je lui dis ce que je veux faire et il me dit " C'est un trip baba ". On peut effectivement l'appeler comme ça, même si j'arrive en avion et que j'ai un ticket de retour, que je n'ai pas du tout l'intention d'utiliser. Je n'ai aucune envie de revenir en Europe. Je suis venu en Inde pour y finir ma vie en vivant comme un sâdhu[1].

Il me parle de Goa, les parties qui n'en finissent pas sur les plages, l'Acide distribué gratuitement. Je me dis que je ferai bien de commencer par là. Après, je verrai. Ça doit être à peu près la même ambiance qu'à Diabet, en beaucoup plus grand et au bord de la mer.

À l'aéroport, je prends un choc. Le hall est bondé de mendiants en tous genres. C'est bien pire que toute la misère que j'ai vue jusque-là, et j'en ai vu beaucoup. Philippe m'explique que personne ne donne rien car si on donne, on est immédiatement pris d'assaut par la foule qui ne comprend pas pourquoi on donne à certains et pas à d'autres. Plus tard, je comprendrai, mais pour l'instant, non.

En tout et pour tout, j'ai trente-trois dollars que j'ai l'intention de claquer le plus vite possible. J'aurais bien distribué un peu de fric à tous ces miséreux – et le terme est faible – mais ça aurait été l'émeute. Je ne comprends pas pourquoi ils sont tous agglutinés dans cet aéroport crasseux où personne ne leur donne quoique ce soit. Ça doit être pire ailleurs, sans doute.

---

1   À 25 ans !

À l'extérieur, notre taxi doit traverser des kilomètres de bidonvilles installés sur de la vase. Ça pue franchement. Les miséreux que nous voyons sont des mendiants qui réussissent à passer leurs bras squelettiques à travers notre fenêtre et nous demandent un peu d'argent. Comme à l'aéroport, Philippe me déconseille fortement de donner quoique ce soit sinon nous serons envahis. Le chauffeur qui ne parle pas français a compris quand même et soutient l'argumentation de Philippe en anglais.

C'est le premier choc. Une telle misère est affolante. J'ai en mémoire les récits concernant les ramassages de corps dans les rues, par des camions municipaux. Sur un trottoir, je vois un vieux qui est allongé par terre et ne bouge pas. Les gens l'enjambent. Est-il mort ?

Mais on va dans un quartier presque chic et la misère se fait moins sentir, malgré les centaines, voire milliers, de petites cabanes d'un mètre de haut construites sur les trottoirs. Les gens se lavent dans le caniveau. Ils n'ont rien, ou presque, car d'autres, des familles entières, vivent dehors avec une ou deux casseroles et rien d'autre.

Familles vivant dans la rue.

Avant de descendre de l'avion, j'avais remarqué le manège d'une splendide hôtesse de l'air. Elle n'arrêtait pas de s'occuper des bagages dans le filet au-dessus des sièges. Ça lui permettait de mettre en valeur des jambes. Sans le moindre doute, elle me draguait. Ça ne m'arrangeait pas du tout, et je faisais celui qui n'avait rien vu. Et là, Philippe s'en mêle. Il me dit que j'ai un ticket avec l'hôtesse. Je lui réponds que ça ne m'intéressait pas. Il insiste. Je continue de lui dire que je n'étais pas venu en Inde pour ça. Il se tait, et en descendant à Bombay, il invite carrément l'hôtesse à manger ce soir. Ce qu'elle accepte avec plaisir en me regardant. Tout le long de la route jusqu'à l'hôtel que Philippe connaissait, je râle. Je lui dis qu'on allait être trois. Il me répond qu'elle viendra avec une copine…. C'est effectivement ce qui se passera.

Je ne vous raconterai pas la soirée au sous-sol de l'Hôtel Taj Mahal Palace, mais seulement que j'ai tout fait foirer et que Philippe doit encore m'en vouloir. Et, les hôtesses aussi. Mais, je n'étais pas venu en Inde pour ça !!!

Je fonce vers Goa. J'ai pris un bus, puisque j'ai encore environ vingt-cinq dollars sur moi. Je suis pressé de les claquer pour être vraiment pauvre. Comme dans tous les pays pauvres, le bus est bondé. Il y a des chèvres, des moutons, des poules et des tas de sacs en tous genres contenant des légumes les plus variés.

Il fait beau et chaud. Ce qui me frappe les plus ce sont les calendriers dans toutes les boutiques que nous croisons. Ce sont des portraits de Shiva, Ganesh, Parvatî, Rama, Krishna et des tas d'autres que je ne connais pas. Le champion toutes catégories, c'est Shiva.

Shiva et Parvatî (le bienveillant et la montagnarde)

L'expression " en Inde on vit au milieu des dieux " est tout à fait exacte. Et il y a de la musique partout. Des bhajans[1]. dont le fameux "Raghupati Raghava Râja Ram" qu'on entendait partout.

Je suis heureux, je rayonne. Ça doit se voir. À côté de moi, un petit père habillé en orange me sourit. Il parle quelques rares mots d'anglais. Il me dit qu'à Ahmedabad, il y a un temple intéressant à voir. Je le verrai plus tard. Pour l'instant je vais plein sud, vers les plages paradisiaques.

De nombreux petits murets blancs en pierres sèches relient les champs. Goa est une ancienne colonie portugaise, et cela se voit. Il n'y a pas de temples mais des églises catholiques. Je n'ai rien contre, mais je me dis que je fais encore fausse route. Cependant, j'ai en mémoire ce que m'ont raconté les copains au Maroc et ailleurs. A Goa on vit sous les cocotiers. Certains occidentaux ont loué des maisons pas loin des plages qui sont très longues. Celle où je vais, Anjuna beach, est la troisième après celle de Panaji, qui se prononce Panjim. C'est à Panjim que se trouvent la poste et la plupart des commerces.

Il faut un certain temps pour arriver sur Anjuna. J'ai toujours détesté marcher dans le sable et là je suis servi, parce que les plages sont longues. Une fois arrivé à Anjuna beach, je fais un tour d'horizon. Des centaines de hippies vivent là. Beaucoup d'Américains. Je ne connais pas trop les mœurs du coin, mais je constate que les gens se baignent à poil. C'est logique, c'est comme ça partout. Allez, hop, je pose mes affaires par terre, je me déshabille et fonce dans l'eau. Waw, elle est bonne ! Moi qui suis assez frileux, j'apprécie beaucoup. Je jette un coup d'œil sous les cocotiers. Il y a des gens en cercles en train de fumer un peu partout. Je sors de l'eau, je ramasse mes affaires et je me dirige vers l'un des cercles. Je m'installe et je tire sur le chillum quand il passe. Là, je ne suis pas dévasté. C'est un haschich moyen, le Black Bombay. Il est mélangé à de l'opium, mais le résultat n'est pas terrible.

Je regarde autour de moi, et je réalise que je suis tout seul à être nu. Personne ne fait de remarque désobligeante, mais je me rhabille quand-même. Apparemment, on ne se met à poil que pour se baigner.

Je rencontre des gens que je connais depuis le Maroc. L'ambiance est sympa. Quelques chillums circulent. C'est de l'Afghan. Pas du blanc dé-

---

1   Chants sacrés populaires.

vastateur, comme celui de Bombay, au Taj, mais du Mazar-i-Sharif, noir classique. l'un des plus fort du monde.

Cabane à Anjuna Beach années 70

Au bout de la plage, dans une petite cabane, un groupe de gens entretient une sono qui hurle du rock. Elle est alimentée par un générateur à essence. Ce serait un cadeau des Who.

Je traîne dans le coin en me disant que je n'aime pas vraiment ce type de rock. Ils sont loin
Gene Vincent, Eddie Cochrane, Little Richard et les autres pionniers. Et puis, les gars le mettent trop fort. Le son cogne. C'est une agression inutile.

Le soleil va bientôt se coucher. Alors que je me demande dans quel coin je vais m'installer, j'entends crier :" Acid, Acid !!!! ". Un gros Américain barbu, habillé en blanc, brandit un bocal de laboratoire rempli aux trois-quarts d'un liquide incolore et une pipette en verre. C'est clair, il vient de le fabriquer à Anjuna Beach. Un secteur qui n'a pas d'électricité ! Ça doit être simple à faire. Un des gars que je connais, me dit que c'est de l'Acide pur et que c'est gratuit. J'avais pourtant décidé de ne plus en prendre. Là, les conditions sont différentes. Je suis en Inde, c'est moi qui décide et vais mener mon trip.

Je me mets dans la file, et quand vient mon tour, je ne prends que trois gouttes. Celui qui me précédait en a pris sept.

Je regarde le soleil se coucher. C'est un spectacle qui vaut le déplacement. Magnifique. Mais, rapidement, je me rends compte que toutes les plages sont dans l'obscurité totale et que le seul coin éclairé est la " piste de danse " en sable juste à côté de la sono. Je ne sais pas où aller.

D'un côté la musique est trop forte et je n'ai aucune envie de danser, de l'autre, c'est la nuit et je ne connais pas les lieux. Je pourrais m'installer à l'écart et regarder les étoiles, mais je n'y arrive pas. En même temps, je veux m'intégrer au groupe dans la lumière. Ces deux envies ne sont pas compatibles. Alors je passe la nuit comme un con, à la limite de la lumière, avançant et reculant en fonction de la force de la musique. De temps en temps je vois passer un groupe qui éloigne un danseur qui flippe nettement plus que moi. Ils demandent si quelqu'un a un Mandrax — un puissant somnifère indien, seul moyen de mettre fin à son voyage efficacement.

Le lendemain, je dors la journée et je me tiens loin de la musique. Je suis affalé dans une cabane fabriquée par de pauvres Français qui crachent leurs poumons à chaque chillum. Ils sont sympas, mais de toute façon, j'ai décidé de partir vers Vârânasî — Bénarès — le lendemain.

Je retourne à Panjim en croisant des familles indiennes qui se baladent sur les plages. Les pères de famille se rincent l'œil sournoisement. La femme et les enfants ont plutôt l'air de s'emmerder. Les jeunes hippies toutes nues qui sautent dans les vagues forment un spectacle qui vaut le détour.

Arrivé à Panjim j'achète deux draps de couleur : un jaune et un orange clair. Je me change devant tout le monde, ramasse mon jean et ma chemise dans ma couverture roulée. Dans une petite sacoche en laine j'ai mon Yi-King broché. J'ai aussi un petit sac en tissus sous l'épaule gauche où il y a mon passeport, et tout mon nécessaire à fumer. Mais il me reste de l'argent. Parce que vingt-cinq dollars ça fait beaucoup de roupies. Je suis déçu, car je pensais pouvoir en faire bénéficier les fauchés à Goa, mais ça n'intéressait personne. Du coup je reprends le bus direction Bombay pour tout claquer et après j'irai en stop vers Bénarès.

Du côté de la gare, je rencontre des gens que j'ai connus au Maroc. Ils me font découvrir le coin de Bombay où se trouvent les hippies et les junkies. Il y a un hôtel archi bondé de chevelus et barbus qui fument comme des camions africains. Une dizaine de gurus professionnels, habillés de draps orange bien propres et bien repassés, font le siège de l'hôtel en essayant de dégotter un disciple, si possible américain et pas trop pauvre.

Leur première attaque est " from witch country do you belong ? ". Avec un accent à hurler de rire. Ils sont tous habillés en orange, portent des cheveux longs, mais pas trop. Et une petite barbe taillée. Ils sentent tellement l'arnaque que je ne me donne pas la peine de leur répondre.

On boit un chaï à une terrasse près de l'hôtel. Une belle parisienne est là. Elle est accrochée à l'opium. Elle le fume. Pour vivre elle fait de la figuration dans les films de Bollywood. Elle est heureuse comme ça et n'a aucune envie de retourner à Paris.

Les copains lui disent que je viens d'arriver et que j'aimerais fumer au moins une pipe. Ils ont déduit ça tout seuls, je n'ai rien demandé. On va d'abord dans un restaurant où l'on mange bien et où l'on peut boire du vin. C'est moi qui paye.

Je me faisais une autre idée des fumeries d'opium. Celle-là est archi-basique. Pas de tissus, ni de coussin. Rien du tout. Du ciment seulement et un journal, en guise de lit, dont les pages misent bout à bout font environ deux mètres. Un cube de bois fait office d'oreiller. Nous sommes dans une pièce d'un immeuble en construction. Les Indiens qui s'occupent de la " fumerie " sont squelettiques. Plusieurs personnes attendent leur tour.

Quand c'est à moi, je m'allonge sur le journal, en grommelant intérieurement. Le gars s'occupe de la pipe, prépare l'opium et me dit quand je peux commencer. Au début, rien. Je ne sens rien comme c'est souvent le cas chez les nouveaux fumeurs de haschich, donc je ne dis rien. Et puis tout d'un coup le ciment et le bois deviennent très confortables. Je n'ai jamais eu de lit aussi agréable. Le gars me fait signe de me lever, quand la boulette est finie, pour laisser la place aux autres. Pas de problème, je suis volontiers partageur. Je me lève et là, je fonce à l'extérieur et vomit mon repas. Après, ça va nettement mieux. Tous les dérivés de l'opium provoquent ça aux novices. Peut-être est-ce un signe du corps visant à prévenir de la dangerosité du produit ? En tout cas, le mélange avec le vin rouge ne va pas du tout.

L'effet donne une sensation de bien-être. Je me sens sûr de moi, j'ai tout à fait raison, je suis un mec vachement bien. Bien sûr, c'est complètement artificiel, mais je comprends ceux qui en deviennent dépendants. Et je les plains car une fois accrochés, le manque devient insupportable, psychiquement et physiquement.

Fumerie asiatique classique

À côté du Taj Mahal

J'ai quitté Bombay à pied. Cette fois-ci, il ne me reste plus un centime. Je me sens libre et d'excellente humeur. Je prends la direction d'Ahmedabad. Je vais voir le fameux temple dont m'a parlé le petit vieux. Le stop marche assez bien. Ce sont surtout des camions qui me prennent. Ce qui me surprend, c'est l'incroyable population qui circule de chaque côté de la route à pied, à vélo, en charrette tirée par des dromadaires. Je croise mon premier éléphant qui porte sur les épaules un matelas sur lequel un Indien, allongé sur le côté, rêvasse tranquillement.

Ce que j'aime chez les Indiens, c'est la façon de saluer. Les mains jointes, on respecte l'autre. Ça n'a l'air de rien, mais en réalité, ça change tout. Malgré les castes et malgré le besoin de nuire de l'être humain, il règne une grande paix qu'on peut presque toucher. Mais je parle de la campagne. Celui qui ne visite que les grandes villes ne voit qu'un aspect de l'Inde. Et vice-versa.

Le camion s'arrête auprès d'une gargote tapissée de calendriers à la Gloire de Shankar — l'un des 108 noms de Shiva. Le chauffeur super sympa mais qui n'a pas desserré les dents depuis que je suis monté dans la cabine, descend pour aller casser la croûte. Comme je n'ai plus une roupie, je reste dans le camion. Le patron du restaurant échange quelques mots avec le chauffeur en me regardant. Il me fait signe de le rejoindre. Je lui fais comprendre que je n'ai pas d'argent. Il m'explique en hindi avec quelques mots d'anglais que je peux manger ce que je veux. Je le remercie. Il refuse les remerciements, m'expliquant que c'est Dieu qui donne à Dieu et fait un grand geste pour me faire comprendre que l'univers et son contenu sont Dieu, voire plus. " Bhagavan, dit-il ". Donc tout est dieu. J'en suis profondément touché. Je repense à cet instant pratiquement tous les jours, même encore maintenant.

Finalement, j'arrive à Ahmedabad. C'est une ville moyenne à l'échelle de l'Inde. C'est-à-dire qu'on peut la traverser sans risquer de se faire écraser par la foule. Je trouve le temple qui est à l'origine de ma venue. Il est moche. C'est une construction en béton moderne. J'aurai presque pu passer devant sans le remarquer. J'entre. À l'intérieur c'est tout à fait l'inverse de l'extérieur. Beaucoup de couleurs à dominante rouge, orange et jaune. Des cuivres sous toutes formes : cymbales, plateaux, gongs... Les prêtres sont tous gras et bien portants. Ce sont des brahmanes. Devant eux il y a des tas de fleurs, des poudres de toutes les couleurs, des pétales de roses, de l'eau avec un petit godet pour verser dans les mains... Je suis

ébloui par cette ambiance. Les fidèles font le tour des prêtres et donnent à chaque fois quelques paesas, qui sont les centimes de roupies.

Un des brahmanes me fait signe de m'approcher. Il me trace un trait rouge entre les deux yeux. Je lui explique que je n'ai pas d'argent pour l'offrande. Il me montre un emplacement à côté de lui et me fait signe de m'asseoir. Je sors mon Yi-King et je me fais des tirages à gogo. Le brahmane sourit en silence, mais je ne suis pas sûr du tout qu'il sache de quoi il s'agit. Ensuite je suis invité à manger avec eux. Assiette de dhal[1] au riz. Manger avec les mains. Que dis-je ! Avec la main ! La main droite, l'autre sert pour se laver le derrière. On n'utilise pas de papier dans les pays pauvres.

Je les remercie et je vais faire un tour dans la ville. J'ai oublié que les règles hindoues ne sont pas les mêmes que les règles musulmanes. Je me crois invité à rester dormir dans le temple. C'est une erreur. En Inde il existe des quantités de temples, dont certains ont pour objet d'héberger les voyageurs. Celui-là n'en est pas un. Mais je ne le sais pas encore.

Je passe devant un quartier, genre bidonville sans la misère criarde de ceux de Bombay. Je rencontre un jeune gars à moitié habillé à l'européenne. Il parle quelques mots d'anglais. On discute un peu et je lui propose de fumer un chillum. Il accepte. Cependant, je sens qu'il n'est pas fumeur régulier. Néanmoins, j'en confectionne un et ça nous rend extrêmement gais. Nous allons au temple pour lui montrer où est ma place. Il est vide, à part un brahmane qui s'occupe dans son coin. Et nous ressortons toujours très gais. Un peu plus tard, il rentre chez lui, et je retourne au temple. Et, à la place que j'occupais, je trouve mes affaires bien rangées. Et pas un prêtre dans le coin. Voilà qui est clair. On me fout dehors. Je prends mes affaires et je vais continuer ma route. Tout en marchant, je me demande quelle est la raison de cette mise à la porte. Était-ce parce que je m'incrustais ou parce que j'avais fait entrer un intouchable ? Ou bien, les deux ? Ou bien parce que j'étais trop gai ? Plus de quarante ans plus tard, je me pose toujours cette question. Mais ça ne m'empêche quand-même pas de dormir.

En route pour Udaïpur. Bon, l'objectif c'est Bénarès, Vârânasî en hindi et autres langues, dont probablement, le Sanskrit, mais je ne suis pas pressé et je prends mon temps. Le Rajasthan est un pays magnifique. Un peu sec,

---

1   Des lentilles.

mais beau. Même plus que ça, on entre dans une nouvelle dimension. Udaïpur est, contrairement aux autres villes indiennes pas trop surpeuplée, mais très chaude et bruyante. A Goa, les vaches sacrées n'étaient pas trop respectées par les catholiques qui leur donnaient un petit coup sur le nez quand elles essayaient de brouter l'étal d'un marchand. Ici, c'est différent. Il y en a une qui bloque le carrefour principal. Les Indiens essayent de la faire bouger en lui tendant des légumes. Elle ne veut rien savoir. Les chauffeurs de camions et de voitures sont furax, mais personne n'y touche.

Je discute avec plein de gens que je rencontre. Il n'y en a pas beaucoup qui parlent anglais. Je vois bien que certains d'entre eux se demandent pourquoi un occidental abandonne tout pour être à moitié sâdhu. Abandonner un pays riche où l'on gagne beaucoup d'argent, on roule en Mercedes et où les femmes sont blondes et libérées sexuellement. Ils ne posent pas la question, mais je sens qu'ils la pensent.

Vache sacrée qui fait sa curieuse.

Il n'y a pas beaucoup de voitures, uniquement des Tata, mais il y a beaucoup de camions magnifiquement décorés. Le stop marche bien, mais j'ai envie de tester le train. On m'a dit que les sâdhus ne payaient pas. Je vais tenter ma chance à tout hasard.

Oh, quelle foule ! Les trains sont archi-bondés. Ils me font penser aux bus du Caire, en pire. Je monte en troisième classe. Il y a un baba qui est debout à l'arrière du wagon où je monte. Le contrôleur passe et me demande mon ticket. Je lui dis que je n'en ai pas. Il insiste. Le sâdhu suit ça silencieusement, un petit sourire aux lèvres. Le contrôleur, un peu perdu, finit par céder et se tourne vers lui. Qu'a-t-il fait-là ! Il se fait engueuler copieusement, avec une virulence rare. On ne demande pas à un saint s'il a son ticket !

Le contrôleur n'insiste pas et continue son contrôle. Je découvre une chose : Un sâdhu est capable de violence, au moins verbale, si on le considère comme un homme ordinaire. C'est un homme qui renonce à tout, ne possède rien. Habillé d'un drap— un longi —, mais quelques fois nu, couvert de cendres, il n'est pas un simple pékin. Certains d'entre eux sont des " guerriers ", ils ont quelques fois un sabre ou un trident, comme Shiva. C'est purement symbolique, bien sûr, il n'y a pas plus pacifique qu'un sâdhu. Mais il ne faut pas l'emmerder. Ce que personne ne fait, en principe.

Trains indiens presque vides.

Il ne possède rien. Le sâdhu est un renonçant. Un " sanyasin " Il renonce à tout : son nom, sa caste, sa famille, à posséder quoi que ce soit, en dehors

Les temps changent !!!

ce qu'il peut porter : son lota, petit pot en fer blanc qui sert à tout, et son chillum. En Europe il serait considéré comme un clochard et drogué, ici il est vénéré et respecté. Un peu craint aussi. Il est supposé être doté de pouvoirs extraordinaires.

J'en ai vu qui s'étaient fixé des objectifs, du genre regarder le soleil droit dans les yeux, mais jamais personne d'agressif. Ceux que je connais ou que je rencontre sont des renonçants qui vont de pèlerinages en lieux saints. Ils sont très pacifiques, ne possèdent quasiment rien, ni trident, ni lota en cuivre.

Le baba me fait un petit sourire complice. Il est couvert de cendres avec un grand trait rouge au milieu du front. Ses cheveux sont roulés dans la cendre comme des dreadlocks. Une barbe hirsute lui tombe sur le ventre. Mais il n'engage pas la conversation. Les sâdhus ne sont pas bavards et encore moins curieux.

Après de longues et pénibles heures dans ce wagon surpeuplé, nous arrivons à Ajmer. Je descends là, le sâdhu continue.

Je traverse Ajmer agréablement. C'est une ville nettement moins grande qu'Udaïpur et, bien sûr, que Bombay. Je suis tranquillement une rue allant vers la direction de Jaïpur, la ville rose, quand je reste frappé par une vision tout à fait incongrue en Inde. Une carcasse de bœuf est accrochée à l'extérieur d'une boucherie. Un petit groupe d'Indiens discute devant. Il y en a un qui me parle en anglais. Je pose mes affaires et je participe à la conversation. Ils sont sympas et curieux. Je leur dis tout le bien que je pense de l'Inde. Et puis au bout d'un moment de discussion, j'ai envie de pisser. Je jette un coup d'œil circulaire et me dirige vers le premier mur que je vois. Avant que j'aie eu le temps de libérer une goutte, j'entends tout le groupe crier. Je rabaisse mon longi et me retourne. Ils me crient " this is the mosq ". Bon Dieu, j'allais pisser sur une mosquée ! J'avais oublié qu'il y avait pas mal de musulmans en Inde, alors que la carcasse de bœuf aurait dû me l'indiquer immédiatement.

J'arrive à Jaïpur. C'est une ville plus importante qu'Udaïpur. C'est la ville des Jaïns. Une religion très ancienne (2600 ans environ) qui vénère la vie sous toutes ses formes. Pas question de tuer quelque animal que ce soit. Les prêtres portent un masque blanc sur la bouche pour ne pas avaler un insecte. Un fidèle balaye devant leurs pieds pour qu'ils n'écrasent pas la moindre fourmi, avec un curieux balai à manche court et longs poils blancs. Leurs sâdhus sont complètement nus et totalement imberbes.

Water palace, Jaïpur

Je discute avec un tas de gens. Ils sont curieux et très sympas. Ils ne parlent pas tous anglais, mais il y en a toujours un qui y arrive et sert d'interprète pour ses copains. C'est souvent les mêmes questions qui reviennent : pourquoi abandonner un pays riche pour venir vivre dans la misère… Je leur explique que les pays riches ne le sont que d'un point de vue matériel et qu'ils ont la chance de vivre dans un pays riche en spiritualité, et que la misère n'est que de la misère physique.

Ils ne me croient pas du tout, ou bien ils pensent que je suis cinglé. Ils ont peut-être raison. Qui sait ? Mais on sent quand même qu'ils sont très fiers de leur pays et de leur culture.

Et je reprends la route vers Vârânasî. Je ne vais pas au plus court. Je ne suis pas pressé. Tout le monde me dit d'aller à Agra voir le Taj Mahal. Alors, je vais y aller. Je m'en fous un peu, mais si on insiste pour que j'y aille, c'est sans doute que je vais y faire une ou des rencontres.

Le Taj et son plan d'eau

Ce qui fait la réputation d'Agra, c'est bien sûr le mausolée où la femme préférée de l'un des empereurs moghols, musulman, repose depuis un bon moment après l'accouchement raté de son 14e enfant. Mais c'est aussi le fort rouge qu'on ne peut pas manquer en allant visiter la merveille du monde. Il semble occupé par un régiment symbolique. C'est sans doute plus pour le maintien en état du fort qu'autre chose. Mais je peux me tromper.

Arrivé au Taj Mahal, le camion s'arrête. Je remercie le chauffeur en joignant les mains. Il acquiesce d'un signe de la tête. Comme tous les chauffeurs, il n'est pas bavard. Il ne comprend que très peu d'anglais. Ça me va très bien.

Je tombe bien, l'entrée est gratuite. Il y a foule. Mais ce n'est pas gênant, car les visiteurs parcourent les parcs et jardins. Il faut dire qu'avec les plans d'eau, on a un décor de toute beauté quoique un peu négligé. Beaucoup de familles. Des musulmans et des hindous. Ça doit être l'heure du repas, car les mères sortent le pique-nique sur les pelouses jaunes.

J'en profite pour entrer. Que du marbre blanc et pierres semi-précieuses incrustées. Les sculpteurs semblent être plus doués que ceux qui ont fait nos églises et nos clavaires, à nous Européens à la même époque. C'est un vrai chef-d'œuvre. Mais je sens quelque chose. Comme des vibrations tangibles. Est-ce que les autres visiteurs les ressentent ? Bonne question. Ils ont tous l'air sérieux, qu'ils soient hindous ou musulmans, et pénétrés. Après la visite, je vais m'asseoir sur une pelouse à côté d'un plan d'eau. J'apprécie l'instant présent.

Je vois arriver un routard tout poilu avec sac à dos. Il se dirige vers moi directement. C'est un Anglais. On parle peu. Je sors un bout de Charas[1] et prépare un chillum. Je ne l'ai pas fait trop costaud, mais il fait son effet.

Il me demande où se trouve le temple où on peut dormir. Je n'en sais rien. Mais, comme il y en a partout en Inde, il doit y en avoir un par ici.

Un jeune Indien de moins de 30 ans, à première vue, habillé de draps orange neufs et portant les cheveux très longs et très bien peignés, s'approche de nous. Il parle un Anglais parfait. Il se rase. Il n'a pas le moindre poil de travers.

Curieux. C'est lui qui garde le temple dont on parle. Il nous invite et nous montre le chemin. Il est situé juste à côté du tombeau de la sultane, en contrebas, le long de la rivière Yamuna.

---

1 Haschisch en Hindi.

Derrière le Taj Mahal

C'est un joli petit temple tout simple avec juste un linga. Celui-là n'a pas de toit en dehors du logement du baba. Le jeune Indien nous dit s'appeler Sri Kahn Baba. Il y a quelques occidentaux installés dans sa cour, assis en rond et faisant tourner les chillums au son de " Bom Shankar[1] ! ". Nous nous asseyons, et tout de suite je fais un constat. Ce jeune baba n'a rien à voir avec les vrais babas. C'est un fils de " bonne famille " qui fréquente les occidentaux.

D'ailleurs un autre détail me saute aux yeux en fin d'après-midi : La deuxième partie du temple sert à des disciples qui sont bien occupés. Logiquement, c'est la place des voyageurs d'occuper le ciment où ils font leurs exercices. Et, toujours logiquement, ce devrait être à eux de fréquenter Sri Khan Baba.

En tout cas, ils sont impressionnants. Ce sont des Indiens qui ont fini leur boulot. Ils font du culturisme avec les moyens du bord. En s'accrochant à un portique en ciment, en faisant des pompes et autres pratiques que je ne connaissais pas. Quand ils ont fini, ils se nettoient bruyamment à grands

---

1   Ce cri est un hommage à Shiva. (Shakanra = qui fait le bonheur).

coups de seau d'eau puisés dans la Yamuna. Puis, l'un d'entre eux sort une poignée de ganja. Il la réduit en bouillie, en l'arrosant abondamment, à l'aide d'une pierre cylindrique sur une autre pierre, plate, celle-là. Ça dure un certain temps, ensuite il prend une tasse, de type mug en fer blanc de l'Armée, mélange soigneusement l'herbe en bouillie et l'eau. Ensuite, ils se mettent en cercle et font tourner le mug. Je fais partie du cercle, je bois une petite gorgée.

Préparation traditionnelle du Bhang

C'est le fameux bhang. À l'état brut ! Ensuite, ils sortent les paquets de cigarettes et des jeux de cartes, et ils jouent comme si rien ne s'est passé. C'est mon premier bhang, ce ne sera pas le dernier. C'est particulièrement costaud.

Dans notre cour, parmi les occidentaux, il y a deux belles Américaines, qui voyagent ensemble. Je trouve que Sri Khan Baba s'intéresse beaucoup à elles. Elles n'ont pas l'air d'apprécier. Il se fait vertement remettre en place et un petit malaise règne.

Je n'apprécie pas du tout cette ambiance et je décide de reprendre la route pour Bénarès. Il n'est pas impossible que je revienne à Agra. Ce petit temple est quand même bien sympathique et bien ombragé. Et Sri Khan Baba est très aimable, quand il n'a pas ce que je pense à la place du cerveau. La discussion avec lui est agréable, même s'il connaît sans doute mieux la discographie des Beatles que les Védas.

Le seul petit désagrément, ce sont les cadavres de ceux qui n'ont pas les moyens de se faire incinérer. Ils sont balancés tels quels dans la Yamuna. Elle est considérée comme sacrée. Moins que le Gange, mais c'est plutôt bénéfique. Les corps restent près du temple quelque temps entre deux eaux dans l'eau de la Yamuna. Au bout de quelques jours, il sont emportés par le léger courant et vont un peu plus loin. Ils y restent jusqu'à ce qu'ils s'échouent sur la rive et sont mangés par les chiens errants. Ça en fait frissonner plus d'un.

Cadavre de pauvre (ici à Vânârasî)

Bénarès, enfin !

Le camion me laisse à l'entrée de Bénarès —Vârânasî — où il se gare à côté de dizaines d'autres, tous super-décorés de paons, de dieux hindous, de svastikas, etc. Je demande à un gars qui passe dans le coin, la direction du Gange et je plonge dans la foule. Je n'ai jamais connu une telle multitude attaquant dans tous les sens : Vélos, rickshaws, voitures, dromadaires, éléphants, charrettes et piétons, sans parler des cadavres sur des civières tenues à bout de bras par quelques hommes fonçant vers le Shamshan ghât ou l'on incinère à tour de bras sans un seul arrêt depuis 2300 ans.

Plus j'approche du Gange plus je vois de sâdhus, vrais et faux. Ceux-ci sont habillés en orange et mendient, parmi eux il y a des lépreux et différents types de handicapés. Le vrai sâdhu ne mendie pas. Il accepte les dons et si on ne lui donne rien, eh bien il ne mange pas, tout simplement. Un peu plus loin, il y a quelques changeurs de monnaie. Ils transforment la roupie en 99 paesas. Les pèlerins en ont plein les mains et peuvent donner un peu à chaque mendiant. Dans la dernière ligne droite avant le Dashashvamedha ghât, les mendiants sont assis des deux cotés de la ruelle,

Il y en a pour tout le monde, pas beaucoup, mais pour tout le monde.

dans laquelle ne circulent que des piétons, derrière un petit récipient. Les pèlerins laissent à chacun quelques paesas ou une pincée de riz.

Et voilà le Gange ! C'est un fleuve immense. L'eau est claire et ne porte pas de signes visibles de pollution. Le ghât est, en fait, un très large escalier. Il y a plein de gens assis, et une foule immense de pèlerins très silencieux. J'apprécie le calme qui règne. Il n'y a plus de bruit. Les pèlerins vont faire leurs ablutions, et même boire l'eau du fleuve sacré. J'en fais autant, sans connaître les gestes et les mantras à dire, mais je me baigne et ensuite je remonte sur le ghât.

Je reste assis tranquillement. Je suis fatigué de ma traversée de Vârânasî. C'est de la folie ou de l'inconscience. Et encore, à cette époque l'Inde ne comptait que 400 millions d'habitants. Maintenant, ils sont près d'un milliard et demi. Je me demande comment ils font pour circuler. En tout cas, cette traversée, à pied bien sûr, a été particulièrement pénible. J'ai même été heurté par une poignée de frein de vélo.

Un groupe de sâdhus est à quelques mètres de moi. Ils sont assis en rond autour d'un feu. Le foyer est construit en bouse de vache sacrée diluée dans de l'eau et séchée. C'est tout blanc, on dirait du ciment. Les babas sont quasiment nus et couverts de cendre. Ils sont silencieux et regardent le foyer tranquillement.

Celui qui à l'air d'être le gardien du feu, que je qualifie de " baba principal ", me fait un signe que j'avais déjà remarqué en arrivant sur le ghât. Il frotte son pouce droit dans sa main gauche. C'est le geste de celui qui mélange le Charas au tabac pour préparer un chillum. Je lui fais signe que je n'ai rien. Il me fait comprendre que ce n'est pas grave et m'invite à me joindre à eux.

Pour moi, c'est un honneur. Ça me va droit au cœur. Je m'assois avec eux. Je n'ai pas à enlever mes chaussures puisque je marche pieds nus. Je m'assois en tailleur comme eux, et je ne pose pas de question, tout comme eux. Je constate que le feu est alimenté par du bois du Shamshan ghât ayant servi à la crémation. La cendre produite devient encore plus sacrée.

Personne ne me demande quoi que ce soit, mais je décide de trouver de quoi fumer auprès des occidentaux de passage. Dès que j'en vois un avec des cheveux longs et un sac à dos, je lui demande s'il a du shit — ils sont presque tous anglophones. Je leur explique que je suis avec un groupe de babas qui aimeraient fumer un peu. La plupart du temps, ils acceptent. Ils enlèvent leurs chaussures avant de s'asseoir, je suis intransigeant. Les occidentaux saluent les babas, donnent le bout de haschisch ou préparent directement un chillum. Les plus sympas laissent un morceau, à moi ou au baba principal. Inutile de dire que ce cadeau est immédiatement consommé, en plusieurs fois si nécessaire.

Je me demande comment je vais me débrouiller pour manger. Personne n'en parle, mais je commence à avoir faim. Je vois la plupart des mendiants s'installer de chaque côté de la ruelle qui mène au ghat. Alors, j'y vais aussi. Un homme-tronc habillé en orange vient de se faire déposer par un autre gars juste devant moi. Il est beau gosse, et s'il avait eu des bras et des jambes, il aurait dû plaire aux dames.

Un groupe s'approche, précédé d'un flic en uniforme, le gourdin à la main. Un Indien distribue des chapatis — galette de pain sans levain — à chaque mendiant. Deux autres de ses collègues portent un énorme chaudron plein de dhal, des lentilles bien préparées. Je mange comme ça pendant quelques jours. Et puis je vois que les Sâdhus ne bougent pas, et que les gars qui fait la distribution va les servir à leurs places autour du feu.

Je décide donc, de rester avec le groupe pour les fois suivantes. Le soir, ils viennent vers notre cercle, on leur tend nos lotas — petite boite métallique qui sert à tout – genre pot à lait pour les plus simples — et ils les remplissent.

Nous nous régalons en silence. On ne mange pas tous les jours quand on est un ascète itinérant. Alors on apprécie lentement. Cette distribution de nourriture s'appelle un prasad. Ce sont des Indiens ayant des revenus, qui donnent des fonds à un ou plusieurs temples pour nourrir les pauvres, histoire d'être bien avec leur conscience et si possible marquer des points pour la prochaine réincarnation.

La nuit vient et le spectacle est de toute beauté. Les pèlerins mettent une petite bougie dans une feuille d'arbre. Ils les posent sur l'eau tous en même temps à la tombée de la nuit. Ça fait toute une flottille lumineuse descendant le Gange.

Un des temples bordant le ghât est plein à craquer. Des chants s'élèvent accompagnés de bruits de cymbales de conque et de clochettes, sur fond de tablas. C'est beau. De l'extérieur surtout, parce qu'ils sont quand même entassés dans le temple.

Mes camarades babas chantent quelques fois en s'accompagnant du claquement de leurs tisonniers en forme de pinces, dont certains portent des petites cymbales. Ils ne chantent pas les chansons du temple mais c'est ce qu'on appelle des bhajans, c'est-à-dire des mantras chantés.

De temps en temps un pèlerin vient voir le baba en chef, lui touche les pieds et lui demande quelque chose. L'autre lui répond en quelques mots et lui trace un trait de cendre entre les deux yeux. Le pèlerin lui laisse quelques paesas avant de partir. Je ne sais pas du tout de quoi il s'agit mais je suppose qu'il s'agit de conseils ou d'une bénédiction.

Par moments ils restent tous assis en tailleur. Je me demande s'ils méditent ou s'ils récitent des mantras intérieurement. À vrai dire, je ne sais pas ce qu'est la méditation. J'imagine que c'est une sorte d'introspection. Alors je fais comme eux en réfléchissant à tout ce que je découvre. Assez rapidement, je comprends que le sâdhu ne médite pas, ne dit pas de mantras, ni rien du tout dans ce genre. Il n'a pas à le faire, puisqu'il est un sâdhu. Mais s'il veut le faire, il le peut.

Un, jour, je constate que je n'ai aucune idée du mois dans lequel je suis. Je peux être à Bénarès depuis trois semaines ou trois mois, je n'en ai aucune idée.

Tous les jours, je pars en chasse au Charas. Tous les occidentaux à sac à dos, chevelus et barbus, en ont tous un peu. Ça marche très bien. Ils sont très fiers d'être invités par des sâdhus.

Bom Shankar !

Le groupe de babas change de temps en temps, il y en a qui s'en vont, d'autres qui arrivent. Ils se contentent de saluer et de s'asseoir. Personne ne leur demande rien.

Je viens de tirer sur le chillum. Je le passe à mon voisin, nettement plus vieux que les autres, quand j'entends un cri. Il y a, en haut du ghât, un combat comme on n'en voit qu'en Inde. L'objet du litige c'est une vielle couverture verte. Les protagonistes sont : d'un côté, une vache sacrée, et de l'autre, le baba propriétaire de ladite couverture. Elle est en train de la manger. Il n'est pas d'accord et il tire de son côté. Finalement, la couverture se déchire en deux et chacun a sa part. Il faut dire que l'herbe ne pousse pas sur les ghâts, et que les vaches sacrées n'ont pas grand-chose à se mettre sous la dent. Le baba est fâché et repart, pas content du tout, avec sa demie-couverture.

Nous ne mangeons que le soir. Nous nous régalons avec le prasad. C'est souvent alterné. Un jour du riz, le lendemain des chapatis, tout ça avec du dhal[1]. c'est très bon. C'est ce que nous attendons tous tranquillement tous les soirs. Mais, pour une fois, c'est la cohue. Les faux sâdhus sautent sur

---

1   Des lentilles.

le distributeur de chapati. Le gros flic donne des coups de gourdin, pas trop forts, mais suffisants. Finalement un distributeur se dirige vers notre groupe avec une pile de chapatis. C'est Versailles ce soir ! Je me réjouis, tiraillé par la faim. Mais le type est tellement bousculé qu'il met son pied avec sa chaussure dans le cercle formé par les sâdhus. Alors le baba principal prend un air furieux, lui montre son pied et lui fait signe de partir. Il refuse le prasad.

Dur, dur ! On reste avec notre faim. C'est difficile de renoncer à tout. Mais les sâdhus sont comme ça. On leur doit le respect.

Je remarque qu'il se trouve beaucoup de touristes qui veulent les prendre en photo. Ceux-ci refusent énergiquement, voire très énergiquement. Alors les touristes malins louent une pirogue, se stationnent en face du ghât et photographient à tout-va.

Il y a quelques commerces et deux ou trois chaï shops pas loin des ghâts, en haut de la ruelle. L'une d'entre elle sert des Lassis — yaourt liquide — purs ou des bhang-lassis, pour dix paesas de plus. De temps en temps, j'y vais boire un bhang-lassi. c'est traître car il faut compter environ vingt minutes avant que ça agisse, et là : hou ! ça cogne ! Avec ça, tu n'as pas besoin de chillum.

Boulettes de Bhang : 0,10 roupie pièce.

En face du chaï-shop, il y a un stand de marché comme on aimerait en voir plus souvent. Officiellement il vend des parapluies. Il y en a quatre, accrochés à une barre métallique dans un coin du stand. Au milieu, il y a un énorme sac en toile de jute, d'au moins deux cents litres, plein de cannabis. Une grosse balance est suspendue au milieu de la pièce. Il vend au kilo ou à la livre à l'aide d'une pelle à grains. En devanture, sur une tablette, des boules de bhang toutes prêtes, différents type de Charas, des petites boulettes d'opium — celles qu'on avale — des chillums et autre matériel de fumeur, attendent le client. Les boulettes de bhang et celles d'opium valent dix paesas. Les affaires marchent bien pour le patron, il vend sans arrêt.

Les balances ont changé

Un jour, en partant à la chasse au Charas, je trouve que la foule est bruyante comme je ne l'ai jamais entendue. Les gosses, portant une grande chemise blanche par-dessus leurs habits, ont des pompes à vélo dans les mains et envoient des giclées de peinture à tout le monde. Ça ne me plaît pas du tout. J'ai l'impression que la ville entière est ivre d'alcool — qui est interdit dans l'état de l'Uttar Pradesh. Je retourne vers les babas et je leur montre mon mécontentement. Ils me font signe de ne pas m'en faire. Ils me disent tous " Holi. " Je ne comprends pas. Je le saurai seulement bien des années plus tard. C'est une fête religieuse, qui s'appelle Holi, pendant laquelle tout le monde se jette de la couleur, par tous les moyens. Pratiquement tous les hindous prennent du bhang ce jour-là. Hommes et surtout Femmes. J'observe quand même que les gosses n'essayent pas de colorer les sâdhus. Deux d'entre eux me suivent jusqu'au cercle où je me suis assis. Mais ils n'osent pas continuer.

Un autre jour, deux flics en civil viennent vers moi, assis avec mes renonçants. Ils demandent à voir mon passeport. Je l'ai toujours. Ils regardent le visa et ils me foutent la paix. Les babas ne sont pas intervenus. Je tique un peu. Plus tard je comprends que ça se passe en dehors de leur univers à eux. Les flics ne leur demandent rien, et eux ne s'occupent pas de la société qu'ils ont reniée. Alors que moi, avec mon passeport et mon billet de retour, je n'ai rien renié.

C'est quand même une indication, mon visa est toujours valable, ça fait donc moins de trois mois que je suis en Inde.

Ce contrôle me tracasse et je sens qu'il est temps que je m'en aille, parce que ville sainte ou pas, Vârânasî est avant tout une ville. On m'a parlé des sources du Gange et de la quiétude des lieux. Alors, un matin, je ramasse mes affaires. Je salue les babas et je m'en vais. Direction Hardwar. L'une des villes les plus sacrées de l'Inde.

7 ans sur la route

Hardwar, Rishikesh.

En route pour les contreforts de l'Himalaya. Première étape Hardwar[1]. Je prends le train sans billet. Le contrôleur arrive et je lui dis que je n'ai pas de billet. Il veut absolument me faire payer. Je m'en fous et je m'obstine. Il menace d'appeler la police du train. Je descends à l'arrêt suivant. Je continue en stop et à pied. J'en profite pour remettre un peu d'ordre dans mes idées. Je ne suis pas Indien. Je suis un occidental, comme il y en a plein, à Goa, Bombay ou Delhi. Un type qui ne sera jamais totalement intégré dans la vie de l'Inde.

La route est longue pour Hardwar. Je rencontre de temps en temps des occidentaux. Dans les petits bleds seulement. Je fuis les villes où je ne supporte plus le bruit et la foule. On fume beaucoup et on s'échange des anecdotes. Ils vont généralement vers Vârânasî et viennent de Rishikesh. Ils me disent qu'à Hardwar il y a un grand rassemblement de sâdhus en permanence. Ce n'est pas la Kumbha mêla, la grande fête qui à lieux tous les douze ans[2], d'après ce que j'ai compris, où des centaines de milliers de sâdhus se retrouvent – ils sont estimés être plusieurs millions au total. C'est la seule occasion de voir ceux qui ne vivent que dans les forêts ou dans les grottes de l'Himalaya. Mais il faut attendre quelques années.

Finalement j'y arrive à Hardwar. C'est une jolie petite ville, au bord du Gange, où les maisons sont en couleur vives.

On ne peut pas rater les sâdhus, ils sont des milliers réunis dans un grand parc, le long du Gange, nettement moins large qu'à Bénarès. Il ne semble pas y avoir de faux sâdhus. Ceux qui sont là sont, en grande majorité, des naga-babas couverts de cendre. Certains, pas les plus nombreux, ne fument pas et sont plutôt des disciples de Vishnou. Je me fais adopter par

---
1 Cette ville s'appelle maintenant Haridwar, consacrée à Vishnu, mais tout le monde dit Hardwar, consacré à Shiva.
2 Elle a lieu tous les 12 ans à Allahabad, et tous les 4 ans dans trois autres villes dont Hardwar.

un petit groupe de shivaïtes. Ceux-là sont plus causants mais ne parlent pas anglais. Ils ne sont pas curieux et se font comprendre par gestes. Il faudrait que j'apprenne le hindi. Nous allons tous nous baigner dans le Gange. Il est glacial.

Un Indien " moderne ", c'est-à-dire qui est vêtu comme un occidental, cheveux courts et sans barbe, s'approche de moi et, en un clin d'œil, se met en équilibre sur la tête. C'est une asana, posture de yoga, appelée shirshasana. Il reste dix bonnes minutes dans cette posture. Ensuite il s'adresse à moi en anglais parfait. Il me propose de venir avec lui faire la manche. Je n'aurais qu'à m'asseoir en lotus et lui se mettra en équilibre sur la tête. S'il ne devait exister qu'une posture de yoga, dit-on ce serait shishasana. Le sang afflue dans la tête et c'est excellent pour tout plein de choses. Mais peut-être pas toute la journée ! Ce type, extrêmement sympathique, passe au moins la moitié de son temps dans cette position. Ça le rend très heureux. Exubérant, il déborde de bonheur. Nous nous installons à la sortie d'un grand magasin et nous restons environ une demi-heure. La recette est assez bonne. Mais bon, j'arrête. Je ne suis pas venu pour faire la manche. Et puis tenir la posture du lotus ça devient difficile. Lui, par contre est très expansif. Il a le bonheur fortement envahissant.

Je retourne avec mon groupe de babas après avoir partagé la recette avec lui. J'achète un gros morceau de shit dans un magasin de " parapluies. "
Mon yogi, ne fume que des cigarettes anglaises et se remet sur la tête à côté de nous alors qu'on prépare un chillum. Les babas sourient.

J'en observe un qui passe sa journée à fixer le soleil. " C'est en devenant aveugle qu'il atteindra l'illumination, me dis-je en souriant ".

Un autre jour, un sâdhu vient me voir. Il m'explique que ce serait sympa de venir avec lui pour faire fumer une sâdhvi, qu'il appelle Matâ-ji. Un sâdhu femme. Je ne savais pas qu'il en existait.
Elle habite dans une sorte de grotte, au fond du parc, creusée dans un grand bosquet. On a du mal à la voir. Avant d'entrer, le sâdhu me fait signe de ne pas crier " Bom Shankar ! " au moment de l'allumage du chillum.
Elle a transformé sa petite grotte végétale en petit temple. On se salue en silence, nous contentant de joindre les mains. Je prépare le chillum. Instinctivement je crie " Bom… " et là je me souviens que je ne devais pas le faire. Elle ne dit rien. Le sâdhu doit se dire que les occidentaux sont ce

qu'ils sont, c'est-à-dire des touristes en longi. Il me fait simplement les gros yeux. Mais on fume notre chillum tranquillement. Je leur laisse un bon morceau avant de partir.

Et puis quelques jours après, je me mets en marche vers Rishikesh. Je vais y aller à pied, c'est à vingt-quatre kilomètres. L'air est nettement plus frais qu'à Vârânasî. Mon moral va mieux que quand j'ai quitté Bénarès. Je suis quand même un peu perturbé par ce contrôle de flics. Mais j'adore marcher dans la campagne. Pas n'importe laquelle. Celle qui remonte le Gange. Je ne suis pas la route principale mais un petit sentier.

Et là, à un détour du sentier je trouve un francophone qui discute avec un baba assis en tailleur, le coude appuyé sur un accoudoir portatif, spécialement étudié pour ne s'accouder qu'en étant assis en tailleur. Ils m'accueillent très cordialement tous les deux.

Les vieux réflexes reviennent. Je sors le chillum et un bout de shit. On tire tous les trois dessus. Au bout d'un moment, le francophone me dit que le baba a été enterré vivant pendant une semaine. J'admire. Je sais qu'il existe des sâdhus qui font des exploits de ce genre. Certains roulent sur eux-mêmes pendant des mois pour se rendre à un pèlerinage, d'autres soulèvent des rochers avec leur sexe. D'autres encore, restent toute leur vie avec un bras en l'air ou debout sur un pied.

Celui-là semble avoir vingt-cinq ans. Mais un poil de sa barbe est entièrement blanc. Un seul. Il parle un peu anglais. Il me dit qu'il a trente-cinq ans.
Ils vont à Rishikesh, donc on fait équipe. Alain, le francophone me dit qu'il va passer quelque temps dans les grottes le long du Gange. Ça me tente. Je vais aller avec lui.

Rishikesh ! Nous y voilà. Là, le Gange est vraiment étroit, par rapport à Bénarès. Il faut quand même le traverser en bateau. Rishikesh n'est pas encore le supermarché de la spiritualité qu'il est devenu. C'est un petit bled prospère. Il vit de ses approvisionnements aux ashrams. Il y en a partout, tout autour. Un hélicoptère traverse le ciel alors que nous sortons d'une boutique. C'est celui du Maharishi Mahesh Yogi, le guru des Beatles. Il va chercher des clients à l'aéroport le plus proche.

Rishikesh année 70, il n'y avait pas encore de pont.

Nous nous adressons à un swami, tout d'orange vêtu, pour savoir où aller pour rejoindre les grottes. Il nous l'explique en anglais très compréhensible. Nous le remercions et au moment où nous le quittons, il ajoute que si on veut acheter du Charas on peut s'adresser à lui. Ça me scie venant d'un swami !

On traverse le Gange dans un curieux bateau dont le fond est en verre. Ça nous permet de voir d'énormes poissons. Bien entendu, ils sont sacrés, personne n'aurait l'idée de venir avec une canne à pêche.

Il y a plusieurs grottes dont quelques-unes sont occupées, soit par des occidentaux, soit par des sâdhus ou par un baba solitaire qui médite. Nous en trouvons une qui est propre et qui a déjà un dhuni - feu sacré. On se fait un chillum. Il est bon ! En bons voisins on invite les babas proches de nous. Ils se font un plaisir de nous rejoindre dans la grotte. Les chillums tournent pour notre plus grand plaisir. Mais la barrière de la langue me gêne toujours. On voit bien qu'ils nous aiment bien, et qu'on pourrait un peu parler. On se comprend par gestes et par mots ou formules interposées : Bom Shankar, pani —eau ; atcha — oui ; chapatis ; galette de pain

— alou gobi — choux fleurs et pommes de terre… C'est quand même limité. Mais comme personne n'est curieux, ça va très bien comme ça.

Le soir tout le monde vient manger du riz et du dhal, préparé par l'un des occidentaux, sous l'œil méfiant d'un des babas. Il ne faut pas oublier les épices ! Et plus ça arrache, meilleur c'est. Chacun sort son shit et on fait des comparaisons. Le pakistanais ne vaut rien, ça fait rire les sâdhus. Je crois bien que pour eux, ce qui vient du Pakistan ne vaut rien de toute façon.

Un Anglais sort un morceau bizarre. Il est noir sur le dessus et vert à l'intérieur. Il nous explique qu'il s'agit de la production des environs de Chitral au Pakistan. C'est tout à fait au nord, dans l'Himalaya. Et les chillums tournent encore. Je remarque pour la première fois, après pas mal de pratique, quand même, qu'ils tournent toujours dans le sens des aiguilles d'une montre.

Ouh ! La claque ! Les babas ne critiquent plus. Personne ne peut plus parler, de toute façon. Au bout d'un moment, Alain dit qu'il est plus fort que le Manali frais.

Tout le monde sait que le haschisch de Manali, Charas de son nom indien, est l'un des meilleurs de la planète. Mais il a un gros inconvénient, il faut le fumer frais. Il ne se conserve pas très bien.

Alain nous parle de Manali, le paradis du cannabis. Ce n'est pas un lieu sacré mais une station de sports d'hiver où les familles riches viennent passer quelque temps, histoire de changer d'air. Alors pourquoi c'est un paradis ? Eh bien, parce que le cannabis pousse partout. Comme les pissenlits sous nos climats. Il suffit de caresser le plan délicatement entre les paumes de la main en remontant doucement vers le haut de la plante. Ensuite il ne reste plus qu'à se racler les mains, l'une contre l'autre, quand elles sont bien noires. La résine s'agglutine en petits rouleaux, qu'on n'a plus qu'à assembler. Effectivement, c'est assez tentant.

Au bout de quelques jours, je quitte Rishikesh avec Alain. Je n'aime pas trop l'ambiance ashram qui m'entoure, même si je ne suis pas allé en voir un seul. Je me doute que je vais trouver un swami, parlant anglais qui me demandera " from witch country do you belong ? " avec l'accent indien. Le séjour ne doit pas être gratuit et, théoriquement, on ne peut pas fumer dans ces coins-là. Tout est basé sur la méditation qui conduit à un niveau de conscience supérieur. Le même que l'on obtient après un bon chillum, fumé en état de recherche spirituelle, selon ce que m'a expliqué un instituteur indien. C'est ce que m'ont déjà fait comprendre quelques babas. Ils ont passé ce stade depuis longtemps. D'ailleurs, quand on demande à un Indien pourquoi les sâdhus fument-ils du Charas, il répond : "ça les aide à méditer".

Je ne tarde pas à voir des montagnes de plus en plus hautes. Je n'ai pas très chaud, avec mon longi et mon autre tissu que j'ai sur le dos. Mais c'est la vie des — presque — renonçants. La vallée qui mène à Manali est très étroite. On est bien dans l'Himalaya, ça ne fait aucun doute. Ce n'est pas l'Everest, mais c'est haut. Mon camion s'arrête à Kullu. C'est le dernier bled raisonnablement important avant Manali. Pas de temple en vue. Il commence à faire tard. Je demande à un passant s'il connaît le temple où on peut dormir. Il m'indique la direction, très sympa.

Bon, ce n'est pas un super-temple comme on en connaît en Inde du sud. Il est comme celui d'Agra et bien d'autres, c'est-à-dire, d'un côté la résidence du baba gardien, qui reçoit ses " disciples " dans son jardin la journée, et de l'autre côté un espace en ciment autour d'un foyer, avec juste un toit tenu par des poteaux en ciment eux aussi, et deux murs. Et devant le temple, derrière les massifs de fleurs, la rivière coule tranquillement. Cette rivière est mentionnée dans le Rig Veda sous son ancien nom : la Vipasha.

Je m'installe devant le foyer, le dhuni. Le baba vient me voir. Ce n'est pas un baba ordinaire, ça saute aux yeux. Il doit avoir dans les 50 ans et porte un turban. Il est très content de me voir. Il sort son chillum et s'accroupit sur ses talons. Le chillum tourne, j'en fais un autre avec mon morceau de shit. Et le baba m'explique, comme il peut, qu'il est un spécialiste des chapatis et qu'il se ferait un plaisir particulier à me montrer comment les préparer. Je lui explique que je vais à Manali, mais que je reviendrai.

Manali

Effectivement, à Manali on quitte l'univers de la spiritualité. Pas un baba, par contre on rencontre des réfugiés tibétains. Beaucoup de moines en grande tenue, mais qui portent quelques fois une montre, ce qui me laisse un peu perplexe. Dans la foule d'occidentaux, je reconnais quelques hippies que j'ai vus à Goa.

Manali : centre-ville

C'est un gros village où les riches Indiens viennent faire du ski. Manali est en deux parties : le village, avec les commerces, et les maisons louées aux occidentaux par les paysans qui s'enrichissent d'un coup. Ce coin-là ne présente aucun intérêt, sinon de nous abriter du froid. On est quand même à mille huit cent vingt-six mètres. Mes deux pièces de coton ne suffisent plus. Je ressors mon jean et mon pull de ma couverture.

C'est dans ce genre de maisons que les occidentaux résidaient.

Quand on m'a dit que le cannabis poussait partout, c'était exact. Il y en a sur tous les fossés et au milieu de la " place " principale, des pieds de trois mètres de haut. Il y en a plusieurs devant la poste et jusqu'à l'entrée du poste de police.

Je rencontre quelques gus que j'avais connus au Maroc et ça me fait un grand plaisir. Parmi eux, il y en a un qui manipule les dates sur les visas. J'en profite pour voir depuis combien de temps je suis arrivé. Les trois mois sont dépassés largement. Bon Dieu, je me demande où j'ai bien pu rester aussi longtemps. Bénarès, oui, bien sûr, Hardwar et Rishikesh, sans doute plus que je ne le pensais. Pendant cette durée, j'ai vécu hors du temps. Une dimension en moins. Ça fait bizarre.

Le copain change ma date de visa. Il fait ça super-bien, on ne voit rien.

Je passe quelques jours à frotter délicatement tous les plans de cannabis que je trouve, et je me gratte les mains au-dessus d'un foulard. Le Charas est bon. Mais comme je ne suis pas le premier à le faire, le résultat n'est pas fameux. Certains plants, frottés tous les jours par les occidentaux qui descendent " en ville ", font pitié. Il faut aller un peu plus loin que Manali pour trouver des "mines d'or" intactes. Pas bien loin, il y en a partout.

Quand on est dans le village, il faut remonter le soir si on veut être un peu au chaud, et là, c'est une autre paire de manches. Le chemin qui monte vers les maisons est quasiment à la verticale. Certains l'utilisent sans problèmes, et les autres, trop stoned pour y grimper, s'assoient dans une petite prairie, en face et fument quelques chillums pour se donner du courage. Résultat, plus on fume, moins on a de force. Alors moi, j'y vais en plusieurs étapes.

Un soir, dans une des maisons où je me trouve, je regarde mon billet d'avion pour le retour. (Bravo, le renonçant !). Il y a un gars qui me dit que je peux le revendre à Delhi. Ça pourrait faire une petite montagne de roupies.

Le lendemain, j'en parle à un copain français. On décide d'y aller tous les deux. De toute façon, le climat de Manali est trop froid et trop humide pour l'instant.

On repasse par Kullu et on échange, avec le baba du petit temple, quelques propos à base de gestes et du peu d'hindi qu'on connaît. Il s'adresse plutôt à moi et me fait comprendre qu'il serait content que je vienne dans son temple, partie voyageurs, et que j'accueille les occidentaux de passage. Je suis touché, comme à Bénarès avec le baba du feu. Je lui dis que je reviendrai.

Le voyage jusqu'à Delhi se passe très bien. On traverse le Punjab, grenier à blé de l'Inde. Il est aussi vert que le Rajasthan est jaune.

Un soir, nous arrivons dans un petit bled. Nous cherchons un endroit pour dormir, nous trouvons un parc qui a l'air très accueillant. On s'y assoit et avant de dormir on se fait un chillum. En face de nous, il y a deux gars qui nous regardent. On les invite à fumer. Ils s'approchent et tirent sur le chillum. Et puis, l'un d'eux décide de me toucher les pieds, en signe de respect. Aïe, me voilà bien embêté. Non pas parce qu'il se prosterne, ça m'était déjà arrivé lors de mes balades autour de Manali et ailleurs, mais parce qu'il reste longtemps à me toucher les pieds. Je lui dis à moitié en anglais, à moitié en hindi de se lever, qu'il n'a pas à se prosterner comme ça, mais rien à faire, il ne bouge pas. Et ça dure ! Je vois bien qu'il en a marre. Il est à genoux et commence à souffrir, finalement, il s'allonge à plat ventre tout en continuant de me toucher les pieds. j'ai beau lui dire d'arrêter – gentiment quand même, mais rien à faire. Au bout d'un très long moment, j'en ai ras le bol et je m'apprête à le lever de force en le prenant par l'épaule, mais je l'ai à peine touché, qu'il se lève, soulagé. Donc, voilà, je viens de découvrir qu'il suffisait de lui toucher l'épaule pour mettre fin à cette prosternation.

Nous sommes sur un camion qui nous a pris en stop. Il va jusqu'à Delhi, mais pas New-Delhi. Et là, la misère nous saute aux yeux. Des milliers de gens vivent à même le trottoir. Sans natte, sans rien. Ce qui me frappe les plus ce sont les veuves avec leurs enfants. Elles ne possèdent que quelques casseroles et dorment autour d'elles. On me l'avait dit, mais je n'y croyais pas.

Le camion s'arrête pour casser la croûte, je suppose. C'est dans une petite rue où plein d'hommes habillés en blanc discutent entre eux. On reste sur le camion.

Ils sont tous armés d'un gourdin, genre manche de pioche. Ce sont des grévistes. Ils reviennent d'une manif. Ils rient en se moquant gentiment de nous et commencent à donner des petits coups de gourdin sur le camion en disant " hippies "[1]. Ça les fait rire. Et puis petit à petit, les coups se font de plus en plus nombreux et quelques-uns essayent de nous toucher. Un gros flic hilare, le fusil en bandoulière, ne bouge pas. Là, je commence à m'inquiéter. Le copain aussi. Mais, heureusement, un type bien, visiblement respecté par les manifestants, intervient et les autres arrêtent. Ouf ! On n'est pas passé loin. Les non-violents sont capables de dériver sérieusement quand ils sont en groupe.

Heureusement, le chauffeur revient et nous repartons vers New-Delhi. Il n'est pas tard. Nous fonçons pour me faire rembourser le billet. C'est ouvert. J'y vais, le copain attend dehors. Mais là, déception, trop tard, le billet est périmé d'une semaine ou deux.

Tant pis. Le presque renonçant que je suis est puni. On renonce ou on ne renonce pas, il faut choisir. Quand je sors, je trouve mon copain en grande forme et souriant, assis par terre devant son lota, ouvert. Je lui dis que pour moi, c'est râpé. Et lui, il exhibe une poignée de roupies. Des billets

---

1   Je suis toujours en jeans.

de vingt. Pour nous c'est une petite fortune. Il m'explique que pendant que j'étais à l'agence, il avait son lota devant lui, ouvert à tout hasard, et qu'un Américain a vidé ses poches de tout son argent indien. Il ne supportait plus l'Inde et repartait vers l'Ouest.

Sans se poser de question on fonce vers les marchands de lassis et on se goinfre de barfis, de mango-lassis, de jus de canne à sucre… On achète toutes les gloutonneries qui nous tentent et qu'on n'a pas mangées depuis notre arrivée en Inde. On fait le bonheur des petits commerçants ambulants ou non.

Et après, on va tout vomir dans le premier coin discret. Lamentable !

On se sépare, le copain va vers Vârânasî et moi, je remonte vers Manali. Je vais traverser le Punjab tranquillement et découvrir les Sikhs. Ce n'est pas vraiment ma route, mais j'ai envie de me balader. C'est vraiment un coin fertile. Un état prospère. On se croirait à la campagne en Europe de l'Ouest. Ça fait plaisir à voir. En plus, les habitants sont très accueillants. La première nuit, je dors dans un temple sikh à l'invitation des fidèles. Une seule règle, pas de tabac ni quoi que ce soit en rapport avec l'idée de fumer. Ils me montrent un endroit extérieur sur le mur du temple entre deux pierres. Ça m'embête un peu, mais je laisse mon Charas et mon tabac. Ils se sont aperçus de mon émoi et me rassurent. Personne n'y touchera.

Effectivement, il est toujours là le lendemain matin. Merci les gars !

Le deuxième jour j'arrive dans un petit bled. Tout de suite, un gars d'une vingtaine d'années, m'invite chez lui. C'est assez rare en Inde. Mais je comprends. Il est chrétien. On ne discute pas beaucoup de religion. Un peu quand même. Il se sent un peu seul, noyé dans les turbans et les barbes longues ou enroulées sur elles-mêmes et tenues par un filet accroché aux oreilles.

Le lendemain, pour mon départ, il m'offre une peau de bête que j'ai prise pour une peau d'ours blanc jusqu'à ces dernières années, maintenant j'ai un doute, mais je ne vois pas ce que ça pouvait être d'autre. La peau était petite mais très velue, très épaisse. Je le remercie chaleureusement. J'en suis fier, je me prends pour Shiva sur sa peau de tigre, d'après les images des calendriers diffusés par les commerçants indiens.

Il me reste quand même une sacrée route à faire. Par hasard, s'il existe, je rencontre un Américain, très barbu. On discute un peu de ce qu'il fait aux USA. Il possède une petite boutique en Californie, et il a gagné assez de fric pour se payer son voyage dans des conditions confortables. La boutique tourne sans lui grâce à un gérant qui assure l'intérim et tous les mois, il gagne de quoi continuer à voyager. Il vient de louer un taxi pour aller à Simla. Il me propose de venir avec lui, ce que j'accepte avec un grand plaisir. On convient d'un arrangement : à Simla, il me paye une chambre d'hôtel, à manger aussi, bien sûr, et le lendemain, chacun va de son côté. Ça me convient très bien.

Simla, c'est la Suisse. Hautes montagnes et des sapins partout. Je passe une excellente nuit et je suis un des premiers éveillés du bled. Pendant la nuit, des dizaines de gros singes agressifs, des babouins semble-t-il, ont pris la ville. Franchement je ne me sens pas rassuré du tout, mais progressivement Simla s'éveille. Les singes finissent par laisser la place aux humains.

Je remercie mon Américain. Et je pars vers Kullu et Manali. Le climat s'est amélioré, mais il pleut souvent. C'est peut-être la mousson. Mais je m'abrite car je ne veux pas abîmer ma peau d'ours blanc— si c'est bien de ça qu'il s'agit.

Depuis que j'ai quitté Delhi, j'ai abandonné le pantalon et le pull, et j'ai repris mon longi et la pièce de coton que je porte sur les épaules.

Je retourne à Kullu et retrouve avec plaisir mon baba préféré. Il me renouvelle son offre, celle qui consiste à accueillir les occidentaux de passage dans la partie du temple prévu à cet effet. Je lui dis que je viendrai bientôt. Puis, je continue vers Manali. Pourquoi ? C'est idiot. C'est peut-être par envie de parler, de communiquer plus facilement.

Je reste un certain temps à Manali, je ne me rappelle plus combien. Il fait froid et humide, on mange ce qu'on peut. Il pleut tout le temps. Je retrouve la bande de Niçois, les junkies qui sévissaient au Maroc. Je reste une ou deux semaines à me demander ce que je fais là. Je rencontre un copain junkie qui a loué une maison. Je m'installe chez lui pendant environ une semaine, durant laquelle la pluie ne cesse pas. On se shoote à l'opium. Quand la pluie s'arrête, je suis très vaguement accro, pendant une demi-heure, mais je ne ressens pas vraiment de manque.

Et puis j'en ai marre de tous ces occidentaux. Je ne vaux pas mieux qu'eux. À l'occasion, je fais quelques tours dans les environs. Je pousse même jusqu'à Dharamsala. C'est une ville calme, je vais sur une place supposée être l'endroit où le Bouddha est resté pendant vingt ans à méditer sous un arbre. Mais je me trompe sans doute, car il n'y a rien qui l'indique. Pas de bouddhistes, ni temple, ni rien du tout. Et je ne suis peut-être pas à Dharamsala.

Un jour, je me retrouve en pleine montagne avec un collègue français et un sâdhu. On arrive chez un paysan, très pauvre. Il nous invite à manger et avant, après nous avoir rincé les mains, le voilà qui nous lave les pieds. J'ai beau lui dire que ça va, il insiste et fait ça bien. Et il est tout content. Pour lui, c'est bon pour sa prochaine réincarnation.

Autour de Manali, au bord des routes, il y a beaucoup de réfugiés tibétains. Certains font restaurant. Plat unique, des gros spaghettis bouillis et frits, servis avec des feuilles de choux cuits de la même façon. Rien d'autre. Pas de sauce, pas de lassi. Rien. Ils sont très pauvres.

Un peu plus loin, il y en a qui vendent du Chang — de la bière de riz, à boire directement dans une bouilloire, par le bec verseur. Ce n'est pas mauvais et ça soûle un peu. Mais, bon, je perds mon temps, là.

J'ai envie de partir. Alors je pars. Direction Kullu, où j'ai l'intention d'y passer un certain temps.

Le petit temple de Kullu

Le baba m'accueille en silence. Il a du monde dans sa cour et il veut rester dans son rôle. Il me fait bien comprendre que c'est moi le patron dans la partie d'accueil de visiteurs. Je m'installe sur ma peau d'ours. Je reste apaisé et détendu, assis en tailleur. J'apprécie ce calme et ce silence. La rivière coule à environ trente mètres devant moi. On voit bien la trace de la dernière crémation.

Depuis, un temple plus complet a été construit par-dessus l'ancien

L'endroit est superbe. Le baba vient me voir, ses hôtes sont partis, il commence à faire nuit. Il apporte de la vaisselle rudimentaire et du bois. Je fais du feu. Il retourne chercher un chillum. On le fume à chacun notre tour. Pas mal du tout. Il essaye de me faire comprendre que son Charas vient du Népal. Je lui fais goûter mon Manali, celui que j'ai confectionné moi-même. Quand la nuit tombe, il s'en va.

Il y a du passage, dans ce temple. Pratiquement tous les jours. Quelques occidentaux en route vers Manali et pas mal de sâdhus en transit. Je maintiens le feu allumé. Je suis fier, même si ce qui n'est pas mon tempérament habituel. Je me débrouille, avec plus ou moins de succès, pour que tout le monde ait à manger et à fumer. Pour ce qui est de fumer, ça va, mais pour ce qui est de manger, là c'est plus compliqué, vu que je n'ai pas un sou. On se débrouille comme on peut, avec les gens de passage.

J'ai remarqué, assez rapidement, que le baba du temple sort la nuit et reviens complètement bourré. Il jure comme un charretier en tombant de son lit. Je ne sais pas où il va boire, mais ça doit être discret. Par contre, son retour ne l'est pas du tout. Mais, tous les matins, il est frais comme un gardon et tire sur son chillum tranquillement, face à la rivière. Quand il est disponible, il vient me voir ainsi que les passagers et nous fumons du très bon Charas.

Aujourd'hui, c'est une crémation qui a lieu. On est loin des pleurs et hystéries méditerranéennes. Les membres de la famille se tiennent un peu à l'écart. Le tas de bois est très haut et situé au bord de la rivière. Le baba du temple est assis sur ses talons, tirant sur son chillum, en spectateur. Je suis la cérémonie. La famille est plutôt calme à part l'un des fils, vêtu à l'occidentale, qui se croit obligé de pleurer bruyamment. Le feu émet des craquements. Je m'en désintéresse pour je ne sais plus quelle raison. Quand je reviens les gens ne sont plus là et le baba du temple récupère le bois non consumé. Il est devenu du bois sacré et va rejoindre le feu sacré.

Le tas de bois était au moins 3 fois plus haut que celui-ci

Un matin, le baba vient me voir avec d'énormes cisailles de tailleur de drap et un tout petit morceau de ce qui ressemble à une pellicule photo. Il y a un occidental qui est avec moi. Le baba réussit à couper en trois le morceau de pellicule, qui semble être un Acide du nom de " window open " — je ne suis pas du tout sûr du nom et encore mois de son orthographe. C'est l'occidental qui m'explique ça.

Mauvaise manip, un bout tombe dans le feu sacré. Le baba fait un geste pour l'occidental qui est toujours assis à côté du feu. Il lui signifie, en gros " désolé, mais c'est ta part qui est tombée. " Et nous prenons les deux morceaux qui restent.
Et là, je retrouve ce que j'avais ressenti au Maroc et en Tunisie, la nuit sous les étoiles. Là, c'est le jour. Aucune angoisse. Je suis tout à fait en communion avec le monde, tout en ayant, toujours, l'autre moi qui apprécie ce que le premier moi fait ou ne fait pas. C'est peut-être difficile à comprendre mais c'est pourtant ça. L'intensité est telle que tout s'explique, tout se comprend et c'est absolument impossible à dire ou a décrire. Je me promène dans le temple et dans ses environs, un grand sourire aux lèvres.

Brusquement, j'entends comme un coup de feu. Ça ne me dérange nullement, mais je vais quand même voir du côté de la rivière. Il y a un flic qui accompagne un prisonnier portant des menottes. Et, boum, un autre coup de feu. En fait c'est le baba, hilare, qui leur jette des pétards à mèche, comme les gosses occidentaux. Il pleure de rire. Le flic n'apprécie pas trop, mais le baba est sacré. Donc, il décide d'avancer plus vite. Et puis, il faut dire que la rivière est sacrée, plus que les autres, puisqu'elle est citée dans le Rig Veda[1]. Le temple, lui aussi est sacré. Alors, l'espace entre les deux l'est donc aussi. Donc le flic qui traînait son prisonnier, ne respectait pas les lieux.

Un peu plus tard je vois arriver un sâdhu, assez vieux, avec un disciple. Les babas n'ont généralement pas de disciple. Par contre je suis intrigué car le sâdhu, qui ressemble plutôt à un swami tout d'orange vêtu, me semble être blond. Le temps s'arrête et je me dis que ce swami est un occidental. Il doit être en Inde depuis longtemps. Je le regarde intensément. Il en fait autant. Et puis, il me dit : " From witch country do you belong ? " Et j'éclate de rire. En plus, il l'a dit avec l'accent de ceux de Bombay. Vu de près, il a des cheveux blancs et a tout du guru professionnel. Ce n'est probablement pas un escroc. Mais il ne se formalise pas de ma réaction et s'installe face à la rivière et à la montagne. Il médite.

---

1   Depuis elle a changé de nom et s'appelle la Beas.

Je continue à vivre des expériences dans ce temple. Je m'entends bien avec le baba. Et le temps s'est arrêté. Ça m'amène à me poser des questions dont celle-là : le temps passe-t-il vraiment ? Existe-t-il vraiment ?

Combien de temps suis-je resté dans ce temple ? Au moins deux mois, je pense. Deux mois de paix et de bonheur.

Un jour, alors que je confectionne un chillum, sur ma peu d'ours blanc, ou supposée telle, je lève les yeux et, grande surprise, ma dernière copine venue tout droit de Bretagne se trouve devant moi. Hyper sexy dans son jean serré et son t-shirt collant à son énorme poitrine, ce qui devait rendre fous les Indiens, elle se tient droit devant moi toute heureuse de me retrouver.

En fait, c'était prévu. C'était même moi qui lui avait demandé de me rejoindre en Inde, avant de partir. Mais je n'y avais pas vraiment cru ni attaché d'importance. Et là, franchement, ça m'embête un peu, même beaucoup. Je l'avais complètement oubliée. Je suis à des années lumières d'avoir envie de vivre une romance.

Mais, bon, je quitte le temple pendant quelques jours. Nous allons à l'hôtel où rien ne se passe, alors que j'étais plutôt porté sur la question quand je l'ai connue, et nous nous quittons rapidement. Elle va à Delhi et continue son séjour en Inde de son côté, avec un Américain, et je retourne dans le petit temple. J'éprouve quand même une certaine gêne et je n'ai pas la conscience parfaitement tranquille, mais je suis très content d'être revenu au temple..

Une chose m'intrigue quand même : comment m'a-t-elle retrouvé ? Elle ne me le dira jamais, même quand je la retrouverai à mon retour. À noter, une petite anecdote : un soir dans une gargote, un Indien me propose de l'acheter ou de la louer.

Au temple, la vie reprend son cours. Mais je commence à avoir quelques diarrhées. Rien de bien grave au début, mais c'est curieux que ça me prenne maintenant. J'ai de plus en plus de mal à garder ce que je mange.- La " tourista " frappe au commencement d'un dépaysement, pas plusieurs mois plus tard. Je me pose la question : pourquoi ici ? Pourquoi maintenant ?

Ça devient de plus en plus pénible. En me baladant dans Kullu je découvre un resto en plein air qui sert du foie cuit. Ça me rappelle mon enfance et le foie de veau que faisait ma mère. Là ça ne doit pas être du veau. Je m'y mets et je trouve ça délicieux. Fini le végétarisme ! Je suis trop malade pour ça.

Je découvre un camion qui vient distribuer gratuitement des berlingots de lait. Le gars les jettent dans la foule qui essaye de les attraper. J'en fais autant et je me régale. Bon, ça ne change rien pour la diarrhée, au contraire, mais c'est bon, et c'est déjà bien.

7 ans sur la route

Une petite blonde, un chaton et ….

Un matin, je me réveille et je vois plusieurs personnes en train de dormir. Ce sont des occidentaux qui sont arrivés pendant la nuit. Je vois ça aux sacs de couchage. Petit à petit, ils s'ouvrent et des têtes apparaissent. Et là, j'ai un choc : Michel montre son nez. Oui, il s'agit bien du Michel qui était avec moi en Afrique. Je suis heureux de le revoir. Lui, n'a pas l'air surpris. Il a dû me reconnaître quand je dormais. Il n'est pas tout seul dans son duvet. Une petite nana blonde et propre sur elle, les yeux maquillés, un petit chat noir à la main, fait son apparition dans le sac de couchage.

Il s'en passe des choses dans la vie ! Pendant que l'eau chauffe, je prépare le premier chillum de la journée. Michel va à Manali. Il veut acheter un kilo de shit pour aller le vendre à Delhi. Je trouve l'idée excellente et tout naturellement, je l'accompagne, je lui propose quand même qu'il aille le vendre à Bénarès. Mais, ça ne plaît pas à la petite blonde. Je suppose que c'est elle qui tient les cordons de la bourse, sinon la bourse tout simplement.

Je salue le baba une dernière fois et je quitte ce petit temple avec un sentiment bizarre, presque de culpabilité.

Arrivés à Manali on se sépare, la blonde et son chat vont à l'hôtel, Michel et moi on se met en chasse en pleine montagne. On finit par arriver dans une maison, une sorte de chalet où se trouvent plusieurs Indiens. Il y en a un qui se met en route pour collecter le fin du fin : des rouleaux de Charas frais, roulés à la main par les paysans du coin.

Et puis on attend tranquillement. C'est Michel qui a négocié le prix. Moi, ça ne m'intéresse pas. Et puis, dans ce " chalet " perdu dans les montagnes débarque un groupe de Français, dont un que j'ai bien connu au Maroc. Ce sont des junkies. Ils nous proposent un fix[1] de morphine. On n'est pas trop chauds, ils insistent, alors ok pour un petit, pas trop fort, histoire de ne pas les vexer.

---

1 Une injection.

Boules et rouleau de Charas roulés à la main

Oh ! Heureusement que le shoot n'est pas trop fort, je vomis tout ce que j'ai mangé. Michel aussi. Mais une fois ce cap passé, un grand bien-être règne en nous. Mes problèmes d'intestins disparaissent. Nous restons face à la vallée, assis en tailleur sans parler. On ne se sent plus concernés par quoique ce soit. Peu après, le type qui était parti chercher les rouleaux de résine revient.

Il faut qu'il s'y prenne à deux fois pour qu'on réalise qu'il est de retour avec un chargement d'un kilo. On ne vérifie pas. Michel le paye, on le remercie et on s'en va. Heureusement qu'il avait marchandé le prix avant de prendre le shoot de morphine.

Retour à Manali. Une fois l'effet de la morphine disparu, mes boyaux se réveillent. Maintenant, je sais comment stopper la tourista, mais je connais les ravages de la morphine et je ne veux pas tomber dedans. J'en parle au copain qui m'avait bricolé mon passeport. Il me dit que le seul moyen de ne pas crever tout de suite c'est d'avaler une petite boulette d'opium. Ça bloque les intestins pendant une dizaine d'heures. Des petites doses comme ça ne rendent pas dépendant tout de suite. Il me donne un bon morceau et en détache un fragment qu'il roule en boule. Elle doit faire dans les trois ou quatre millimètres de diamètre. Effectivement, je vomis d'abord, et le peu qui a été digéré me bloque les intestins.

Je suis de retour avec Michel, sa petite blonde et son chat noir. Première opération, trouver le meilleur dans le kilo et se le garder pour nous. J'en trouve à peu près cinquante grammes que je mets à part dans un petit sac en tissu serré par un petit cordon en coton. Je garde ce tout petit sac sur moi. Michel met le reste du kilo dans son sac de voyage, le même qu'il avait en Afrique.

On décide d'un plan. Nous descendons en train direction Delhi. Là, je bifurque vers Bénarès où ils doivent me rejoindre et j'attends qu'ils aient fini ce qu'ils ont à faire.

On approche de Delhi en train, c'est la première fois que je paye, ou plus exactement, qu'on paye pour moi. À un arrêt dans une petite gare, trois flics en uniforme montent en vitesse. Ils foncent sur moi, me disent de lever les mains. L'un d'entre eux me fouille. Il trouve le petit sac. Il se retourne vers ses collègues en disant " ah, hippies ! " Ils redescendent tous les trois et le train repart aussitôt. Le conducteur doit être dans la combine. Le hold-up n'a duré que trente secondes. Michel est toujours assis sur son sac avec son kilo dedans. Le pire est évité, mais les flics indiens sont quand même gonflés. De tous mes voyages, c'est la première fois que je me fais vraiment dévaliser. En Inde, par des flics ! Ça donne une idée de la corruption qui règne dans la plus grande démocratie du monde.

Je descends au niveau d'Hardwar qui se trouve à l'Est. Je trouve les flics un peu trop dangereux pour continuer en train, il me reste tout de même un bon morceau de népalais que j'avais dans une petite boite métallique dans mon sac de coton. Je fais un petit bout de route qui me crève quand-même. Je n'ai plus d'opium et je n'ai pas envie de fumer de Charas. Michel en a pour un bon moment, d'après ce qu'il m'a dit, je vais donc aller voir mes copains sâdhus dans le grand parc.

Il y en a encore plus que la dernière fois. Je ne retrouve pas de têtes connues en dehors de celui qui fixe le soleil. Par contre, un petit groupe me fait le signe du mélange de tabac et de Charas. Je fais oui, de la tête et je me joins à eux et je sors mon népalais. Les " Bom Shankar[1] ! " retentissent et les chillums tournent. Mais, je ne suis pas aussi enthousiaste qu'avant. Et Pourtant, je les aime bien mes babas. C'est réciproque : en dehors du haschisch que je leur apporte : j'ai les bons réflexes pour les fréquenter, je ne pose pas de question, je les considère à leur juste valeur, je vis pieds nus et complètement démuni de tout. Je ne serai jamais l'un des leurs, parce que je suis un occidental, et ça, c'est impossible à changer. Mais ils m'aiment bien. C'est réciproque et je constate que j'aime qu'ils m'aiment.

Je vais le long de la rivière, où tout le monde va déféquer. Un litre d'eau noire me tombe entre les pieds. Ça pue ! Il faut que je trouve une solution, sinon je sens que je ne ferai pas de vieux os. J'en parle, par geste et quelques mots d'hindi au baba qui s'occupe de la cuisson du riz. Il me fait signe que l'eau de cuisson est ce qu'il faut. Il me montre aussi une petite boite, genre grosse boite d'allumettes, remplie de son de riz. J'ai quand même un doute. Si c'est une chiasse normale, ça peut peut-être suffire pour la bloquer, mais si c'est des amibes, je suis cuit. Vu ce que je viens d'expulser, je préfère encore une boulette d'opium.

Bien sûr l'idée de retourner en Bretagne me vient. Mais je ne veux pas quitter l'Inde. Et Michel doit me rejoindre d'ici quelques semaines à Bénarès.

Je n'ai pas d'opium et mes diarrhées prennent de plus en plus d'importance. Je me vide complètement. Alors, je laisse aux babas un bon morceau de népalais et je prends la direction d'Agra où je sais trouver de l'opium sans avoir à chercher.

J'arrive à Agra. Le voyage a été très pénible. Je n'ai plus du tout d'opium et les diarrhées me prennent n'importe quand. Quand ça vient, je serre les fesses et j'attends de trouver un coin. D'ici peu, je ne pourrai plus me retenir.

Avant d'aller au temple, je fonce m'approvisionner en opium. Ce n'est pas gratuit, mais vraiment pas cher du tout, suffisamment pour les quelques roupies que Michel m'a donné. La boulette individuelle coûte 10

---

[1] Ce cri est le plus célèbre des cris que les sâdhus poussent avant de fumer, l'adressant au dieu Shiva. (Shankara = qui fait le bonheur)

paesas[1]. Je mets un bon morceau dans ma boite en fer, de type boite de cirage qui contient déjà mon népalais. Et j'enveloppe le reste dans un papier recouvert d'un tissu de coton.

Derrière le Taj Mahal, le petit temple est toujours là et il y a une flopée d'occidentaux qui discutent avec Sri Kahn Baba. Curieusement, il est passionné par ce que raconte une belle nana assise à côté de lui. Il réussit à tourner son regard de sa chemise indienne un peu trop ouverte, pour me sourire et de me dire de m'asseoir. Je sors un bout de népalais et " Bom Shankar ! " c'est reparti. La petite boulette d'opium que j'ai avalée à la boutique fait son effet. Mes tripes se taisent et je me sens beaucoup mieux. C'est probablement l'effet de l'opium. La boulette n'était pas grosse, mais plus fraîche que ce que j'avais goûtée avant. Je me sens bien, dans ma tête et dans mon corps. Mais, je risque de devenir addict et ça, je ne le veux pas. J'ai suffisamment vu de junkies…

Je passe une nuit superbe mais l'envie de déféquer me reprend et je m'éloigne du temple le long de la Yamuna. Je suis sidéré par la quantité d'eau noire que j'éjecte. Et pourtant, je n'ai quasiment rien mangé.

Le lendemain, je vais de l'autre côté du Taj Mahal, toujours le long de la rivière, au mini village qui est à quelques centaines de mètres. Il y a des chiens un peu partout. Ils sont gras et tous atteints de la pelade. Des monstres.

De retour au temple, je vois une fille qui crie en anglais. Elle montre la Yamuna. Un corps qui flotte entre deux eaux. Tout habillé. Un pauvre. Un casse-croûte pour les chiens errants. Ça fait bizarre, mais, c'est la coutume. La Yamuna est sacrée. Donc c'est bon pour le karma du pauvre, il le sera moins dans sa prochaine réincarnation. Le baba nous le confirme. Le cadavre reste plusieurs jours devant le temple, parce que là, il n'y a pas de courants.

De mon côté, j'essaye de trouver une formule pour que les aliments, que je mange, me nourrissent, et ne soit pas rejetés. Le chaï[2], ça va. Les bananes aussi, mais c'est tout.

---

1 Dix centimes de roupies.
2 Le thé indien, bouilli et servi dans du lait.

Je prends l'habitude d'aller au mini village boire mon thé et manger une banane après la vidange du soir, le temps que la boulette d'opium fasse son effet. Je rencontre aussi quelques occidentaux à qui je demande un peu de fric. Ça marche assez bien. Je dois leur faire pitié.

Ce soir-là, il fait déjà nuit, je reste discuter, au chaï-shop, un peu avec quelques Indiens autour d'un chaï — thé — et puis on se sépare et je rentre au temple par la voie habituelle, c'est-à-dire derrière le Taj Mahal, le long de la Yamuna. Depuis Hardwar je me déplace avec un bâton pour m'aider à marcher. Heureusement que je l'ai. Mais ce n'est pas suffisant.

Trois ou quatre chiens commencent à me tourner autour. Je sens que les ennuis ne vont pas tarder. Et ils attaquent. Ils essayent de me sauter dessus. Je cogne comme je peux, mais je sens que je n'aurai pas le dessus. Le gourdin ne leur fait pas peur. Ils l'intègrent comme faisant partie de moi et ils essayent de le mordre. Il faut changer de tactique, sinon ils vont me bouffer. Je ramasse quelques cailloux, vite fait, et je les lance sur eux. Bonne idée, ils ne comprennent pas ce qui leur arrive. Ils se tiennent à distance. Mais je tire assez bien et j'arrive au temple en un seul morceau.

Chien errant sympathique.

Le lendemain, je suis vraiment très mal en point. Le soir, un groupe d'occidentaux arrive complètement paniqués. Ils nous annoncent que les flics vont débarquer et qu'ils veulent planquer cinq kilos de Charas. Le baba refuse et leur indique la rivière. Il fait nuit noire. Mais ils y vont. Quatre ou cinq flics en civil déboulent dans le temple. Il y en a un qui me demande mon passeport. Je le lui montre. Il s'aperçoit que le deuxième coup de tampon[1] n'est pas à jour. L'autre, celui qui a été revu et corrigé par mon copain, à Manali, ça va. Je ne m'angoisse pas, l'opium prend les commandes. Je suis donc très calme et très détendu. Le flic me dit qu'il va le mettre à jour et il s'en va avec deux de ses collègues, les autres foncent dans la nuit, le long de la Yamuna. Le baba n'a rien dit. Ce n'est pourtant pas un hall de gare, ce temple. Si le temple avait été gardé par le baba principal de Vârânasî ou, même n'importe quel vrai baba, les flics n'auraient pas osé. Mais on a affaire à un faux baba, un fils de bonne famille avec des cheveux longs qui ne pense qu'à se taper les Américaines qui viennent passer quelque temps à l'ombre du Taj Mahal.

Les flics reviennent, je ne suis toujours pas angoissé. Le mien me rend mon passeport. Je vérifie. Effectivement à il a corrigé le problème. Je ramasse le passeport et je le remercie. Et là, il panique et réclame que je paie les taxes. Ah, j'aurai dû y penser ! Je lui demande combien. Il me répond vingt roupies. Pile poil ce que j'ai, pas une paesa de plus. Je lui donne mon billet, il me remercie et il s'en va. La plus grande démocratie du monde à une police bien avide.

Je suis toujours à Agra. Mon état est stationnaire. C'est-à-dire que le matin, je vais me vider le long de la rivière, là où tout le monde le fait, pour le plus grand bonheur des chiens errants. J'avale ma boulette d'opium. Et me voilà parti pour la journée à me sentir assez bien. Je vais boire un lassi quand je peux. Je ne le vomis pas. C'est déjà ça. Il va falloir que j'aille à Bénarès car Michel et sa petite blonde vont débarquer un de ces jours. Et puis j'aimerais bien revoir les babas. Mais je doute qu'ils soient encore là.

Bon ! Un matin, je prends la décision de partir. Cette fois-ci, je trouve la route longue et pénible. Le stop ne marche pas beaucoup. Par contre, les hippies et touristes à qui je demande un peu de fric sont effrayés de me voir, et, du coup, ils sont assez généreux.

---

1   C'est un tampon qui précise que le détenteur du passeport doit pointer dans un poste de police à la date indiquée, qui correspond à celle de l'autre tampon.

Finalement, j'arrive à Vârânasî. Problème, je ne me sens pas suffisamment fort pour traverser la ville. Tant pis, il faut y aller. J'attends quand même le soir, le temps que les rues se calment, très relativement quand même. Je fais plusieurs pauses. Finalement j'arrive au ghât. Le temple à côté fait toujours sonner les cymbales et ses clochettes. Il y a plusieurs babas en cercles, pour certains, d'autres sont seuls. Ils méditent, ou se reposent, tranquillement. Je vais me laver les pieds dans le Gange. Il est marron, je vois un étron qui passe à un mètre de moi. Il y a tout plein d'hindous qui se lavent et font des ablutions. Je ne sais pas où je vais dormir. Sur le ghât ? Heureusement que j'ai toujours ma peau d'ours. Elle amortit le contact entre mes os et le ciment.

La nuit est dure. Il y a beaucoup de passages, et je m'inquiète d'une éventuelle descente de flics. Parce que mon visa, même trafiqué, n'est plus valable du tout. J'ai entendu parler de location de péniche. Il y en a plusieurs amarrées en bas du ghât. Le prix est ridicule, j'en loue une pour une semaine.

Je ne tiens que deux jours. Je sens l'humidité passer à travers le bois. J'en arrive à la situation extrêmement pénible suivante : je ne peux ni m'allonger, ni m'asseoir, ni me tenir debout. L'opium m'aide, mais il ne faudrait pas que je devienne dépendant. Et pour ça, il n'y a qu'une solution, c'est ne prendre que des petites boulettes. Surtout pas l'injecter ni le fumer.

Je cherche une solution en marchand dans les rues proches du ghât. Les odeurs, qui me plaisaient tant avant, m'écœurent maintenant. Au tournant d'une rue, je tombe sur un Français qui voit mon état et m'invite dans la maison qu'il loue avec trois ou quatre autres gus. Enfin un lit. C'est loin d'être l'idéal, mais c'est une maison calme et ça me fait un bien fou. Mais j'ai quand même du mal à dormir. L'un d'entre eux trouve une solution : un Mandrax[1] le soir. J'avais vu ça à Goa, quand un gars qui faisait un mauvais trip était évacué. C'est le seul moyen d'arrêter quelqu'un qui flippe en plein trip. Ça devrait m'endormir. Et effectivement, ça marche.

Le soir quand j'ai décidé de dormir, j'avale mon Mandrax, je vais prendre une douche de l'autre côté de la cour, je retourne sur mon lit, et je m'endors immédiatement.

---

1   Somnifère ultra puissant.

C'est fou le bien que ça me fait. Je suis toujours dans un sale état, mais, j'ai un lit, une douche et je dors.

Je me rends compte que je suis au bout du rouleau. Je ne tiens pas le coup pour une bonne et unique raison : je ne suis pas indien. Ma place n'est pas ici. Je suis un occidental. Je ne rejette rien de la spiritualité indienne, je constate simplement que je pas ne suis pas à ma place. Il faut que je rentre chez moi. Je suis Breton, je dois donc me trouver en Bretagne. Logique.

Je commence à penser aux talus, aux champs de ma Bretagne natale. Je pense à la mer, à la pluie, au vent, aux fleurs de bruyère, aux prairies vertes et aux pommiers en fleurs. Bon dieu, qu'est-ce que je fais là à bouffer des bananes à traîner ma carcasse. Je crève d'envie de manger des galettes de blé noir au lait ribot[1], des patates rissolées, des praires... Mon pays me manque tellement que je ne pense plus qu'à lui. Adieu babas, au revoir Shiva ! Après 10 mois d'Inde, il est temps de lancer un SOS. J'écris à mes parents que je vais rentrer. Je prévois de passer par l'Iran où les occidentaux comme moi peuvent bosser sur un chantier. Ils me répondent qu'ils m'envoient un billet d'avion et que je le trouverai à Delhi, au consulat de France. Honnêtement, ça m'arrange.

Mes parents m'ont envoyé un billet de 100 francs dans une feuille de papier carbone pliée en deux, le tout posté dans la lettre. Je prends donc le train pour Delhi, en troisième, bien sûr.

Le train est archi-bondé. Pire que tout ce que j'ai vu dans le genre. Je réussis à grimper dans un porte-bagages, en bois, au-dessus des passagers. Tout content de moi, je ne bouge plus. Mais, au bout d'un moment, j'ai envie de pisser et là, pas question d'aller aux toilettes : le couloir est plein de passagers, les chiottes aussi et, de toute façon, inaccessibles. Et à ce moment, le train s'arrête en pleine nuit en rase campagne. Je décide donc de sortir par la fenêtre. Dehors, c'est la nuit noire. C'est désertique. Pas une maison, personne. Alors que je viens de finir de pisser, le train redémarre. Je fonce sur la fenêtre et j'essaye de remonter à la force des bras, mais je suis bien trop faible et là je me vois me retrouver seul, en longi, en plein désert... Mais heureusement un passager m'attrape par les bras et me remonte comme si je ne pesais rien. Ouf !!!!!!!

---

1   Lait baratté.

Train Indien 1947. Ça n'avait pas beaucoup changé.

Au consulat, on me trouve quelques vieilles fringues, on me " loge " dans la salle d'attente que tout le monde évite soigneusement. Je reste quelques jours, le temps que mon billet d'avion arrive. Là, je rencontre une Bretonne du Centre-Bretagne qui vient déclarer la mort de son fils de 5 ans, Mathias. Je les avais rencontrés à Goa et Manali. Un gentil petit garçon. Ça me fait un coup.

Dans l'avion quand l'hôtesse me demande ce que je veux manger et si je veux boire quelque chose je commande un Ricard, du vin rouge et toute la bouffe de toutes les escales, et, bien sûr je vais tout vomir.

Il neige quand j'arrive à Orly.

Degemer mat e Breizh[1].

À mon arrivée en Bretagne, je ne pèse plus que 50 kg pour 1,83 mètre. Mais, en fait, plus de peur que de mal. Ce sont des Endonymax Nana, ou plus simplement des amibes, qui ont failli me tuer. Le médecin de famille qui me soigne a été déporté pendant la guerre. Il a vu les survivants des camps de concentration tomber comme des mouches à l'arrivée des libérateurs quand ils se sont rués sur la nourriture. Il ne me prescrit que des petits pots pour bébé et je me remets doucement sous les soins attentifs de ma mère, heureuse de me voir revenir vivant. N'oublions pas que j'étais parti en Inde pour y finir mes jours (à 25 ans!). Côté stupéfiants, je ne suis accroché à rien. Tout va bien de ce côté-là.

La Bretagne est en effervescence. On est fin 1973 et le sentiment national breton se réveille depuis quelques années. Ça tombe bien, car je suis revenu de Bénarès plus breton que jamais. Je suis en admiration devant mon pays. Je le trouve magnifique. Quand ma santé se rétablit, assez rapidement, je fais, à l'occasion d'une visite familiale du côté de Paimpol, une ventrée de coquilles St-Jacques à la crème qui impressionne tout le monde.

En fait, je me suis senti Breton, et non Français, dès ma jeunesse. J'avais découvert, en lisant Le loup blanc de Paul Féval, que la Bretagne avait été indépendante et qu'elle s'était battue pour le rester. Pour moi, ça avait été une surprise, car c'était un sujet tabou à l'époque. J'en étais tout retourné.

J'avais suivi de très près les démêlées de la famille Le Goarnig avec l'État français qui refusait de reconnaître les prénoms de ses quatorze enfants, prénoms bretons, bien sûr. J'aurais l'occasion de les rencontrer plus tard.

Et puis un jour, mon père m'annonce qu'il m'a trouvé du boulot. Vendeur d'assurances-vie en porte-à-porte, à Saint-Malo. Assez inconsciemment, j'accepte, et je me retrouve en costard et mobylette à sillonner les cités HLM pour essayer de placer ces produits qui frisaient presque l'arnaque.

---

1 Bienvenus en Bretagne.

Évidemment, c'était un boulot pourri, où les salariés, en période d'essai de 6 mois, assuraient toute leur famille et leurs copains. Au bout de six mois, ils ne faisaient pas leur chiffre et s'en allaient d'eux-mêmes. Coup de chance pour moi, je ne joue pas ce jeu et j'arrive à vendre suffisamment d'assurances, pour vivre tant bien que mal.

Je n'ai aucun sens des affaires, mais j'ai celui de la sympathie, ce qui fait que je deviens presque copain avec les gens que je démarche.

Mais ça ne me plaît pas. J'ai quand même la nette impression que je les escroque. Je n'ai pas de copains, pas de copine, pas de télé, pas de voiture (ni de permis), bref je m'emmerde. Et puis un jour, toujours en démarchant, je tombe sur des gens très proches de moi. J'aurais pu les trouver en Inde ou au Maroc. On devient amis. Ils ont du shit de temps en temps on fume ensemble et très vite, la nécessité de repartir s'impose.

On est en pleine période des attentats spectaculaires du Front de Libération de la Bretagne. Une bonne partie de la population bretonne lui est favorable, même après la destruction du pylône de Roch Trédudon en février 1974 qui prive la Basse-Bretagne de télévision. Ça paraît impensable maintenant, mais à l'époque beaucoup de gens applaudissaient. En particulier les jeunes qui étaient "contre la télé".

Mais, bon, je me contente de soutenir moralement. Un jour, je découvre dans le juke-box du café où je retrouve mes employeurs, la " blanche hermine " de Gilles Servat. Ça me fait un sacré choc.

Ma mie dit que c'est folie
d'aller faire la guerre aux Francs
Mais je dis que c'est folie
d'être enchaînés plus longtemps
La voilà la Blanche Hermine…. etc

Mais, j'ai une furieuse envie de reprendre la route. Un des copains a le projet d'aller sur la Côte d'Azur vendre des glaces sur les plages. Ça paye mal, mais moi ça m'intéresse. J'en ai plein les bottes de ce boulot à la moralité douteuse, et je décide de partir avec lui. Il a une voiture. Je n'ai donc pas de stop à faire, ça me change beaucoup.

À noter quand même que mes employeurs ne veulent pas me laisser partir, et font même " descendre " de Rennes un spécialiste des cas difficiles. Peine perdue, je m'en vais avec la satisfaction d'avoir résisté à un dur-à-cuire.

On est environ une douzaine de jeunes à bosser pour la même boite au Lavandou. Le patron répartit les plages en fonction de nos moyens de locomotion. Je suis le seul piéton, et il m'assigne la plage municipale du bled. Les autres se partagent les petites plages discrètes des environs. Sur la mienne, j'ai douze concurrents qui vendent, des glaces bien sûr, mais aussi des beignets et d'autres trucs dont je ne me souviens plus.

Je fais mon boulot consciencieusement, mais les recettes ne sont pas terribles. Notre groupe à un chef naturel. Un grand costaud chevelu et barbu qui vient tous les ans. Il est maoïste et a une vision des choses qui me plaît bien : Ce n'est pas normal que ceux qui ont une voiture gagnent nettement plus que ceux qui n'en ont pas. Alors, le chef propose que toutes les recettes soient additionnées et ensuite divisées en parts égales. Moi, ça m'arrange, parce que je suis loin d'être favorisé avec cette concurrence effrénée.

La fin de l'été arrive et je décide d'aller bosser en Suisse. Ils recherchent des ramasseurs d'abricots et autres denrées. Ça me convient.

Je reprends donc la route, comme j'aimais tant le faire : tout seul. Je prends mon temps, j'ai la dernière paye des glaces, ça me change un peu et ce n'est pas plus mal que d'être fauché, parce que au niveau hospitalité, la France est loin de valoir les pays pauvres.

Ce sont des grands moments, pour moi en tous cas, ces ballades à travers les alpes de Haute-Provence. Le stop ne marche pas beaucoup, mais je ne suis pas pressé, et il fait beau. Je m'arrête même à l'hôtel et je vais au cinéma. Le luxe, quoi !

On m'avait conseillé d'aller à Saxon, entre Lausanne et Sion, je m'y rends donc. Aucun problème pour trouver du boulot. Au black, bien sûr. On est une bonne trentaine dont pas mal de Bretons, mais aussi des Québécois, des Américains en minibus, des Anglais. L'ambiance est sympa. On fume un peu de temps en temps. On boit aussi, de temps en temps le soir. Je fais tout un tas de petits boulots. Je ramasse des abricots, des choux-fleurs, des

tomates, du raisin. Je deviens aide-couvreur une demie-journée, et ensuite aide-boulanger. Je bosse un mois dans la boulangerie principale de Saxon, comme et je décide de rentrer en Bretagne. La paye n'est pas terrible, mais au moment du change, elle est multipliée par 3,5. L'opulence ! Du coup, je décide de renter en train et en première classe !
Mais cette fois-ci, je ne repars plus. Je reste en Bretagne.

50 ans plus tard

Presque jour pour jour, je termine la traduction du Rig Veda. Je vis en plein cœur du Centre-Bretagne. J'ai une petite maison avec un jardin dans un petit bourg, loin de tout. Je touche le minimum vieillesse, et ça me va très bien.

J'ai mis six ans à traduire le Rig Veda, ce qui est, pour moi, un exploit. Avec mon CAP, j'étais loin des sanskritistes classiques et, heureusement pour moi, je n'avais pas les certitudes qu'ils obtenaient dès le début de leurs études : le Rig Veda a été apporté aux Indiens par des occidentaux il y a 3500 ans.

En traduisant, j'ai aussi découvert que le Rig Veda était LE livre – oral, bien sûr – de la civilisation des 7 Rivières, que l'on connaît mieux sous le nom de civilisation de L'Indus.

Cette civilisation était l'inverse de la nôtre, celle qui règne sur toute la planète, avec des variantes locales, bien sûr. La nôtre est de type pyramidal. Vertical, comme on dit maintenant. Tout en haut, quel que soit le pays, le régime, le mode de fonctionnement, règne une toute petite minorité qui décide de tout, s'enrichit au maximum, et en bas, le peuple essaie de survivre.

Notre civilisation mondialisée va faire comme toutes celles qui l'ont précédée : elle va se terminer.

En sept ans, j'ai découvert des peuples et des cultures totalement différentes de celle dans laquelle j'avais été élevé. J'étais fâché avec le monde occidental et avec le destin qui m'étais réservé. J'ai voulu voir des peuples, des gens, qui ne pensaient pas comme les Européens.

Partout, que ce soit en Inde, en Afrique du Nord ou en Afrique subsaharienne, j'ai rencontré des gens simples, ouverts, hospitaliers et surtout très sympathiques, avec quelques rares et inévitables exceptions.

C'était le contraire de l'Europe, où l'on trouve aussi des gens du même type, mais beaucoup plus rarement. L'occidental est ethnocentré, c'est-à-dire qu'il estime que sa manière de vivre, ses mœurs, ses valeurs, ses croyances sont les seules qui soient bonnes et que tout le reste du monde devrait penser comme lui. Il s'estime supérieur et a ravagé la planète, détruit des cultures et commis les pires atrocités au nom de la civilisation, de l'amour de Dieu, et même au nom des droits de l'homme.

C'est l'idéologie qui détruit le sentiment fraternel et naturel de l'humain envers ses congénères. La vie que j'ai menée durant ces sept années m'a fait connaître des gens de toutes les couleurs, de toutes les cultures, de toutes les religions et, à l'exception de quelques cas, je n'ai rencontré que des gens aimables, serviables, généreux et solidaires.
Hélas, les quelques exceptions dont je parlais plus haut, profitent de la bonté naturelle de ces peuples pour le voler, les exploiter et les dresser les uns contre les autres, au nom d'idéologies toutes plus discutables les unes que les autres.

L'homme est naturellement bon, comme disait Rousseau, avec des exceptions, bien sûr. Plus il accumule de richesses, moins il est bon. L'exemple le plus frappant, c'est l'occidental ordinaire qui se croit supérieur au reste de l'humanité, parce qu'il a développé la maîtrise technique et accumulé les richesses.

Mais, de nos jours, nous voyons bien que cette époque est finie. L'homme blanc ne domine plus le monde. L'expulsion de la France de ses anciennes colonies africaines en est un parfait exemple. L'élection de Donald Trump en est un autre. Le ralliement des multi-milliardaires à sa politique brutale et ouvertement fasciste est un sursaut de ceux qui pressentent la fin de leur domination du monde. La cupidité et l'égoïsme règnent sur le pays le plus puissant du monde. Une guerre va bientôt éclater entre les pays d'Europe de l'Ouest, et la Russie pour des histoires de frontières plus que douteuses. Certains politiciens pensent que c'est le meilleur moyen d'entrer dans l'Histoire. Rien de tel qu'une bonne veille guerre pour laisser son nom aux générations futures ? Bien évidemment, les dirigeants ne seront pas sur la ligne de front, mais les jeunes de 19 ans, oui…..

Mais la nature intervient. Elle se venge de ce que l'homme lui a fait subir. Le réchauffement climatique provoque catastrophes naturelles sur catastrophes naturelles. Inondations, megafeux, fonte des glaciers, et donc montée du niveau de la mer, ouragans, se succèdent à un rythme de plus en plus soutenu.

Notre civilisation, matérialiste et cupide, qui s'est mondialisée, va devoir s'arrêter que nous le voulions ou non. Changer profondément, car en moins de deux siècles, nous avons épuisé les ressources naturelles qui nous permettent de vivre comme nous le faisons actuellement. Nous avons détruit nos sols pour produire toujours plus, pollué nos cours d'eau, épuisé nos mines et toutes les sources d'énergie non renouvelables. Que nous le voulions ou non, nous ne pourrons plus vivre comme avant.

Comme les températures montent, les virus suivent la chaleur et bientôt celui d'Ebola[1], qui a fait tant de ravages en Afrique, viendra chez nous. Nous avons connu, en 2020, la pandémie du covid 19. un petit virus, qui a tué peu de monde et paralysé la planète. Avec celui d'Ebola ce sera une autre affaire.

Tout ce que nous faisons, accélère le réchauffement climatique, et donc des catastrophes qu'il entraine. Aujourd'hui, au moment où j'écris ces lignes, presque la moitié de la Bretagne est inondée. Et le pic n'est pas encore atteint.

Mais ça, ce n'est rien à côté de la fonte des glaciers. Ils font monter le niveau de la mer. Ceux du Groenland et ceux de l'Antarctique sont particulièrement menaçants. Celui de l'Antarctique ouest, qui fond par-dessous, s'il se fractionne et tombe dans la mer, ferait monter, d'un coup, le niveau des eaux de 3 à 6 mètres, selon les études et le type de fracturation. Cela signifie que tous les ports de la planète seraient sous l'eau. Tout le trafic maritime serait obligatoirement arrêté.
Si ces glaciers ne tombent pas dans l'eau, ils continueront de fondre. Le niveau continuera de monter, plus lentement mais tout aussi sûrement, faisant disparaître des pays entiers.
Un incendie gigantesque a presque détruit Los Angeles, il y a une ou deux semaines. Les télévisions en ont beaucoup parlé, à cause des stars qui y vivaient. Mais, ce n'était pas grand-chose à côté des mégafeux qui dé-

---

1 Et bien d'autres.

truisent le reste de la Californie, l'Amazonie et les autres forêts (Grèce, Congo, Australie, Canada etc.)
Ce réchauffement climatique va entraîner des migrations massives des peuples vivant près de l'équateur vers les zones plus fraîches. Les racistes et xénophobes, qui se multiplient à la tête des états occidentaux et parmi la population, pourront construire tous les murs qu'ils voudront, ils ne pourront rien empêcher.

L'agriculture intensive a tué la biodiversité. Nos sols sont presque morts et sans apport massif d'engrais les récoltes seraient ridicules. On tuera pour de la nourriture.

Les nappes phréatiques se vident. Même en Bretagne inondée, les nappes ne sont pas pleines. Au Punjab, en Inde, la misère a remplacé l'opulence. Cette région qui était si verte n'a plus d'eau dans ses nappes. Ceci conduit les gouvernements de L'Inde, de la Chine et du Pakistan à faire des projets de barrages dans l'Himalaya, régulièrement secoué par des séismes, risquant de provoquer des catastrophes humanitaires gigantesques.

Si l'on ajoute à ça, l'érosion des sols, comme dans le Midwest américain, les famines vont se développer avec comme conséquence, entre autres, des migrations massives.

Pouvons-nous l'empêcher ?

Toutes ces catastrophes iront de pair avec un effondrement du système financier mondialisé. L'argent ne vaudra plus rien. La dette mondiale est de 100 000 milliards de dollars. Tout peut s'écrouler du jour au lendemain. Les crises et les révoltes se multiplieront. La répression des régimes, tous de plus en plus autoritaires, fera des montagnes de victimes.

Nous sommes tous dépendants de l'électricité. Il suffirait d'une tempête solaire, comme celle de 1859, pour que plus rien ne fonctionne. Nous ne pourrions même plus démarrer nos voitures.

Tout est informatisé, dématérialisé. Une panne massive de l'internet provoquerait un désastre planétaire, économique et social.
Les guerres, entre grandes puissances ont déjà commencé un peu partout sur la planète, pour l'instant, par petits pays interposés, comme l'Ukraine. Mais, jamais depuis le début de l'humanité, les armes n'ont été aussi so-

phistiquées. Les bombes nucléaires ne peuvent plus être testées par des essais réels. Celles d'Hiroshima et de Nagasaki sont largement dépassées. Les spécialistes ignorent la puissance des nouvelles bombes.

Les inégalités n'ont jamais été aussi prononcées. Des millions de gens meurent de faim ou de froid alors que les super-riches ne savent pas quoi faire de leur argent.
La solidarité et l'entraide deviennent des valeurs dépassées. Elles ont été remplacées par l'individualisme exacerbé, la consommation débridée et la perte des liens sociaux traditionnels. Les conséquences sont l'augmentation de la dépression, le suicide chez les jeunes dans les pays les plus riches et un développement des maladies mentales comme la perversion narcissique.

La liste n'est malheureusement pas terminée. Notre avenir est plutôt sombre mais, cependant, quelques rares points positifs apparaissent :
— La prise de conscience de la part d'une petite partie de la population. Des réseaux de solidarité se développent un peu partout autour de l'environnement.
— Le monde associatif continue de se développer, surtout à la campagne.
— La dédiabolisation des psychédéliques est en marche. Les plantes enthéogènes sont utilisées depuis le début de l'humanité par différents peuples. L'effet principal de ces molécules est la dissolution de l'ego. L'excès d'ego chez les dirigeants est ce qui est le pire pour l'humanité. Le supprimer est la seule solution pour éviter la catastrophe annoncée.

Mais ne rêvons pas, nous ne pourrons pas l'éviter. Nous savons bien que nos dirigeants n'y pensent même pas. Ils sont uniquement préoccupés par leur situation personnelle, et, quand il faudra prendre des décisions radicales dans l'intérêt collectif, ils ne le feront pas. Ou, mal et trop tard.

Donc, si nous voulons traverser cette période, qui approche de plus en plus vite, nous devons développer un système de fonctionnement basé sur l'inverse de notre société actuelle. Créer ou améliorer des réseaux horizontaux et bannir toute verticalité. Et ceci sans se préoccuper des grands de ce monde, qui seront peut-être installés sur Mars ou ailleurs.

Et, ensuite, il faudra reconstruire. Mais là, nous en reparlerons, peut être plus tard…..

7 ans sur la route

7 ans sur la route

https://rigveda.blog/

7 ans sur la route